William Shakespeare

Le Roi Henri VIII

© 2022 Culturea Editions
Editions : Culturea (Hérault, 34)
ISBN : 978-2-38274-373-7
Date de parution : mai 2022
Tous droits réservés pour tous pays

LE ROI HENRI VIII

TRAGÉDIE

NOTICE SUR LE ROI HENRI VIII

Quoique Johnson mette *Henri VIII* au second rang des pièces historiques, avec *Richard III, Richard II* et le *Roi Jean*, cet ouvrage est fort loin d'approcher même du moindre de ceux auxquels l'assimile le critique. Le désir de plaire à Élisabeth, ou peut-être même l'ordre donné par cette princesse de composer une pièce dont sa naissance fût en quelque sorte le sujet, ne pouvait suppléer à cette liberté qui est l'âme du génie. L'entreprise de mettre Henri VIII sur la scène en présence de sa fille, et de sa fille dont il avait fait périr la mère, offrait une complication de difficultés que le poëte n'a pas cherché à surmonter. Le caractère de Henri est complètement insignifiant; ce qu'il y a d'extraordinaire, c'est l'intérêt que le poëte d'Élisabeth a répandu sur Catherine d'Aragon; dans le rôle de Wolsey, surtout au moment de sa chute, se retrouve la touche du grand maître: mais il paraît que, pour les Anglais, le mérite de l'ouvrage est dans la pompe du spectacle qui l'a déjà fait reparaître plusieurs fois sur le théâtre dans quelques occasions solennelles. *Henri VIII* peut avoir pour nous un intérêt littéraire, celui du style que le poëte a certainement eu soin de rendre conforme au langage de la cour, tel qu'il était de son temps ou un petit nombre d'années auparavant. Dans aucun autre de ses ouvrages le style n'est aussi elliptique; les habitudes de la conversation semblent y porter, dans la construction de la phrase, cette habitude d'économie, ce besoin d'abréviation qui, dans la prononciation anglaise, retranchent des mots près de la moitié des syllabes. On n'y trouve d'ailleurs presque point de jeux de mots, et, sauf dans un petit nombre de passages, assez peu de poésie.

Henri VIII fut représenté, à ce qu'on croit, en 1601, à la fin du règne d'Élisabeth, et repris, à ce qu'il paraît, après sa mort, en 1613. Il y a lieu de croire que l'éloge de Jacques 1er, encadré à la fin dans la prédiction qui concerne Élisabeth, fut ajouté à cette époque, soit par Shakspeare lui-même, soit par Ben Johnson à qui l'on attribue assez généralement le prologue et l'épilogue; ce fut, dit-on, à cette reprise, en 1613, que les canons que l'on tirait à l'arrivée du roi chez Wolsey, mirent le feu au théâtre du Globe qui fut consumé en entier.

La pièce comprend un espace de douze ans, depuis 1521 jusqu'en 1533. On n'en connaît, avant celle de Shakspeare, aucune autre sur le même sujet.

F. G.

LE ROI HENRI VIII

TRAGÉDIE

PERSONNAGES

LE ROI HENRI VIII. LE CARDINAL WOLSEY. LE CARDINAL CAMPEGGIO. CAPUCIUS, ambassadeur de l'empereur Charles V. GRANMER, archevêque de Cantorbéry. LE DUC DE NORFOLK. LE DUC DE BUCKINGHAM. LE DUC DE SUFFOLK. LE LORD DE SURREY. LE LORD CHAMBELLAN. LE LORD CHANCELIER. GARDINER, évêque de Winchester. L'ÉVÊQUE DE LINCOLN. LORD ABERGAVENNY. LORD SANDS. SIR HENRI GUILFORD. SIR THOMAS LOVEL. SIR ANTOINE DENNY. SIR NICOLAS DE VAUX. CROMWELL, au service de Wolsey. GRIFFITH, gentilhomme, écuyer de la reine Catherine. TROIS AUTRES GENTILSHOMMES LE DOCTEUR BUTTS, médecin du roi. L'INTENDANT DU DUC DE BUCKINGHAM. LE GARTER ou roi d'armes. BRANDON ET UN SERGENT D'ARMES. UN HUISSIER de la chambre du conseil. UN PORTIER ET SON VALET. UN PAGE DE GARDINER. UN CRIEUR. LA REINE CATHERINE, d'abord femme de Henri, ensuite répudiée. ANNE BOULEN, sa fille d'honneur, et ensuite reine. UNE VIEILLE DAME, amie d'Anne Boulen. PATIENCE, une des femmes de la reine Catherine.

PLUSIEURS LORDS ET DAMES, PERSONNAGES MUETS; DES

FEMMES DE LA REINE, UN ESPRIT QUI APPARAIT A LA REINE, OFFICIERS, GARDES ET AUTRES PERSONNAGES DE SUITE.

La scène est tantôt à Londres, tantôt à Westminster, et une seule fois à *Kimbolton*.

PROLOGUE

Je ne viens plus pour vous faire rire. Nous vous présentons aujourd'hui des choses importantes, d'un aspect sérieux, élevé, imposant, pathétique, rempli de pompe et de tristesse, des scènes nobles et touchantes, bien propres à faire couler vos pleurs. Ceux qui sont capables de pitié peuvent ici, s'ils le veulent, laisser tomber une larme; le sujet en est digne. Ceux qui donnent leur argent dans l'espérance de voir des choses qu'ils puissent croire trouveront ici la vérité. Quant à ceux qui viennent seulement pour voir une scène de spectacle ou deux, et convenir ensuite que la pièce peut passer, s'ils veulent être tranquilles et bien intentionnés, je ferai en sorte que, dans l'espace de deux courtes heures, ils en aient abondamment pour leur schelling. Ceux-là seulement qui viennent pour entendre une pièce gaie et licencieuse, et un bruit de boucliers, ou pour voir un bouffon en robe bigarrée, bordée de jaune, seront trompés dans leur attente; car sachez, indulgents auditeurs, qu'associer ainsi, aux vérités choisies que nous allons vous offrir, le spectacle d'un fou, ou d'un combat, outre que ce serait sacrifier notre propre jugement, et l'intention où nous sommes de ne rien représenter ici que ce que nous jugeons véritable, nous risquerions de ne pas avoir pour nous un seul homme de sens: ainsi, au nom de la bonté de votre âme, et puisque vous êtes connus pour former le premier auditoire de la ville, et le plus heureusement composé, soyez aussi sérieux que nous le désirons; imaginez que vous avez sous vos yeux les personnages mêmes de notre noble histoire, comme s'ils étaient en vie; imaginez que vous les voyez grands et suivis de la foule des peuples et des empressements de mille courtisans; et voyez ensuite comme en un instant cette puissance se trouve atteinte par le malheur: et si alors vous avez le courage de rire encore, je dirai qu'un homme peut pleurer le jour de ses noces.

ACTE PREMIER

SCÈNE I

A Londres.- Une antichambre du palais.

LE DUC DE NORFOLK *entre par une porte*, LE DUC DE BUCKINGHAM ET LE LORD ABERGAVENNY *entrent par une autre porte.*

BUCKINGHAM.- Bonjour; je suis enchanté de vous rencontrer. Comment vous êtes-vous porté depuis que nous nous sommes vus en France ?

NORFOLK.- Je remercie Votre Grâce; à merveille, et toujours dans une admiration toute nouvelle de ce que j'y ai vu.

BUCKINGHAM.- Une fièvre survenue bien à contre-temps m'a retenu prisonnier dans ma chambre le jour que ces deux soleils de gloire, ces deux lumières se sont rencontrés dans la vallée d'Ardres.

NORFOLK.- Entre Guines et Ardres; j'étais présent. Je les vis se saluer à cheval. Je les vis lorsqu'ils mirent ensuite pied à terre, se tenir si étroitement embrassés qu'ils semblaient ne plus faire qu'un. S'il en eût été ainsi, quelles seraient les quatre têtes couronnées capables entre elles de contre-balancer un roi ainsi composé ?

BUCKINGHAM.- Tout ce temps-là je restai emprisonné dans ma chambre.

NORFOLK.- Eh bien, vous avez donc perdu le spectacle des gloires de ce monde. On peut dire que jusqu'alors les pompes avaient vécu dans le célibat, mais qu'alors chacune d'elles s'unit à une autre qui la surpassait. Chaque jour enchérissait sur le jour précédent, jusqu'au dernier, qui rassembla seul les merveilles de tous les autres ensemble. Aujourd'hui les Français tout brillants, tout or comme les dieux païens, éclipsaient les Anglais; le lendemain ceux-ci donnaient à l'Angleterre l'aspect de l'Inde. Chaque homme debout semblait une mine; leurs petits pages étaient comme des chérubins tout dorés; et les dames aussi, peu faites à la fatigue, suaient presque sous le poids des richesses qu'elles portaient, et l'effort qu'elles avaient à faire leur servait de fard. La mascarade d'aujourd'hui était proclamée incomparable, la nuit suivante vous la faisait regarder comme une pauvreté et une niaiserie. Les deux rois égaux en splendeur paraissaient chacun à son tour, ou le premier ou le second, selon qu'ils se faisaient remarquer par leur présence. Celui qu'on voyait était toujours le plus loué, et lorsqu'ils étaient tous deux présents, on croyait n'en voir qu'un; et nul connaisseur n'eût hasardé sa langue à prononcer un jugement entre eux. Dès que ces deux soleils (car c'est ainsi qu'on les nomme) eurent par leurs hérauts invité les nobles courages à venir éprouver leurs armes, il se fit des choses tellement au delà de l'effort de la pensée, que les histoires fabuleuses furent reconnues possibles, et que l'on en vint à croire aux prouesses de Bevis[1].

[Note 1: Les anciennes ballades anglaises ont célébré la gloire et les exploits de Bevis, guerrier saxon, que son extraordinaire valeur fit créer duc de Southampton, par Guillaume le Conquérant.]

BUCKINGHAM.- Oh ! c'est aller bien loin.

NORFOLK.- Non, comme je suis soumis à l'honnêteté et tiens à la pureté de mon honneur, la représentation de tout ce qui s'est passé perdrait, dans le récit du meilleur narrateur, quelque chose de cette vie qui ne peut être exprimée que par l'action elle-même. Tout y était royal: nulle confusion, nulle disparate ne troublait l'harmonie de l'ensemble; l'ordre faisait voir chaque objet dans son vrai jour; chacun dans son emploi remplissait distinctement toute l'étendue de ses fonctions.

BUCKINGHAM.- Savez-vous qui a dirigé cette belle fête, je veux dire qui en a ajusté le corps et les membres ?

NORFOLK.- Un homme, certes, qui n'en est pas à son apprentissage de telles affaires.

BUCKINGHAM.- Qui, je vous prie, milord ?

NORFOLK.- Tout a été réglé par les bons soins du très-vénérable cardinal d'York.

BUCKINGHAM.- Que le diable l'emporte ! Personne ne saurait avoir son écuelle à l'abri de ses doigts ambitieux. Qu'avait-il affaire dans toutes ces vanités guerrières ? Je ne conçois pas que ce pâté de graisse soit parvenu à intercepter de sa masse les rayons du soleil bienfaisant, et à en priver la terre.

NORFOLK.- Certainement il faut qu'il ait eu dans son propre fonds de quoi parvenir à ce point; car n'étant pas soutenu par ces aïeux dont la gloire aplanit le chemin à leurs descendants, n'étant pas distingué par de grands services rendus, ni aidé par des alliés puissants, mais comme l'araignée tirant de lui-même les fils de sa toile, il nous fait voir qu'il n'avance que par la force de son propre mérite; présent dont le ciel a fait les frais, et qui lui a valu la première place auprès du roi.

ABERGAVENNY.- Je ne saurais dire quels présents il a reçus du ciel; des yeux plus savants que les miens pourraient le découvrir: mais ce que je suis en état de voir, c'est l'orgueil qui lui sort de partout; et d'où l'a-t-il eu, si ce n'est de l'enfer ? Il faut que le diable soit un avare, ou bien qu'il ait déjà tout donné, et que celui-ci refasse en lui-même un nouvel enfer.

BUCKINGHAM.- Eh ! pourquoi diable dans ce voyage de France a-t-il pris sur lui de désigner, sans en parler au roi, ceux qui devaient accompagner Sa Majesté ? Il y a fait passer toute la noblesse, et cela fort peu dans l'intention de les honorer, du moins pour la plupart, mais pour leur imposer une charge ruineuse; et sur sa simple lettre, sans qu'il vous eût fait l'honneur de prendre l'avis du conseil, ceux à qui il avait écrit étaient obligés d'arriver.

ABERGAVENNY.- J'ai trois de mes parents, pour le moins, dont ceci a tellement dérangé les affaires que jamais ils ne se reverront dans leur première aisance.

BUCKINGHAM.- Oh ! il y en a beaucoup dans ce grand voyage qui se sont cassé les reins à porter sur eux leurs domaines. Et que nous a servi toute cette parade ? à nous ménager des négociations dont le résultat est bien pitoyable.

NORFOLK.- Malheureusement, la paix conclue entre la France et nous ne vaut pas ce qu'il nous en a coûté pour la conclure.

BUCKINGHAM.- Aussi, après l'effroyable orage qui suivit la conclusion, chacun se trouva prophète; et tous, sans s'être consultés, prédirent à la fois que cette tempête, en déchirant la parure de la paix, donnait lieu de présager qu'elle serait bientôt rompue.

NORFOLK.- L'événement vient d'éclore; car la France a rompu le traité: elle a saisi nos marchandises à Bordeaux.

ABERGAVENNY.- Est-ce donc pour cela qu'on a refusé de recevoir l'ambassadeur ?

NORFOLK.- Oui, sans doute.

ABERGAVENNY.- Vraiment une belle paix de nom ! Et à quel prix ruineux l'avons-nous achetée !

BUCKINGHAM.- Voilà pourtant l'ouvrage de notre vénérable cardinal !

NORFOLK.- N'en déplaise à Votre Grâce, on remarque à la cour le différend particulier qui s'est élevé entre vous et le cardinal. Je vous donne un conseil, et prenez-le comme venant d'un coeur à qui votre honneur et votre sûreté sont infiniment chers; c'est de considérer tout ensemble la méchanceté et le pouvoir du cardinal, et de bien songer ensuite que lorsque sa profonde haine voudra venir à bout de quelque chose, son pouvoir ne lui fera pas défaut. Vous connaissez son caractère, combien il est vindicatif; et je sais, moi, que son épée est tranchante: elle est longue, et on peut dire qu'elle atteint de loin; et où elle ne peut atteindre, il la lance. Enfermez mon conseil dans votre coeur; vous le trouverez salutaire.- Tenez, vous voyez approcher l'écueil que je vous avertis d'éviter.

(Entrent le cardinal Wolsey, la bourse portée devant lui, quelques gardes et deux secrétaires tenant des papiers. Le cardinal et Buckingham fixent en passant leurs regards l'un sur l'autre d'un air plein de mépris.)

WOLSEY.- L'intendant du duc de Buckingham ? Ah ! où est sa déposition ?

LE SECRÉTAIRE.- La voici, avec votre permission.

WOLSEY.- Est-il prêt à la soutenir en personne ?

LE SECRÉTAIRE.- Oui, dès qu'il plaira à Votre Grâce.

WOLSEY.- Eh bien ! nous en saurons donc davantage, et Buckingham abaissera ce regard altier.

(Wolsey sort avec sa suite.)

BUCKINGHAM.- Ce chien de boucher[2] a la dent venimeuse, et je ne suis pas en état de le museler: il vaut donc mieux ne point l'éveiller de son sommeil. Le livre d'un gueux vaut mieux aujourd'hui que le sang d'un noble.

[Note 2: Wolsey était fils d'un boucher.]

NORFOLK.- Quoi ! vous vous emportez ? Priez le ciel qu'il vous donne la modération; elle est le seul remède à votre mal.

BUCKINGHAM.- J'ai lu dans ses yeux quelque projet contre moi; son regard est tombé sur moi comme sur l'objet de ses mépris: en ce moment même, il me joue quelque tour perfide. Il est allé chez le roi; je veux le suivre et l'effrayer par ma présence.

NORFOLK.- Demeurez, milord; attendez que votre raison ait interrogé votre colère sur ce que vous allez faire. Pour gravir une pente escarpée, il faut monter doucement d'abord. La colère ressemble à un cheval fougueux qui, abandonné à lui-même, est bientôt fatigué par sa propre ardeur. Personne, en Angleterre, ne pourrait me conseiller aussi bien que vous: soyez pour vous-même ce que vous seriez pour votre ami.

BUCKINGHAM.- Je vais aller trouver le roi; et je veux faire taire, en parlant comme il sied à un homme de mon rang, ce roturier d'Ipswich, ou bien je publierai qu'il n'y a plus aucune distinction entre les hommes.

NORFOLK.- De la prudence. N'allez point attiser pour votre ennemi une fournaise si ardente que vous vous y brûliez vous-même. Un excès de vitesse peut nous emporter au delà du but, et nous faire manquer le prix de la course. Ne savez-vous pas que le feu qui élève la liqueur d'un vase jusque par-dessus les bords la perd en paraissant l'augmenter ? De la prudence, je vous le répète; il n'y a point d'homme en Angleterre plus capable de vous guider que vous-même, si vous vouliez vous servir des sucs de la raison pour éteindre ou seulement calmer le feu de la passion.

BUCKINGHAM.- Je vous rends grâces et je suivrai votre conseil; mais je sais par des informations, et des preuves aussi claires que les fontaines en juillet, quand nous y apercevons chaque grain de sable, que cet archi-insolent (et ce n'est point l'impétuosité de la bile qui me le fait nommer ainsi, mais une honnête indignation) est un traître corrompu.

NORFOLK.- Ne l'appelez point traître.

BUCKINGHAM.- Je l'appellerai ainsi en présence du roi même, et je soutiendrai mon allégation ferme comme un banc de roche. Écoutez-moi bien; ce saint renard, ou si vous voulez, ce loup, ou tous les deux ensemble (car il est aussi féroce qu'il est subtil, aussi enclin au mal qu'habile à le faire, son coeur et son pouvoir se corrompant l'un par l'autre), n'a voulu qu'étaler son faste aux yeux de la France, comme il l'étale ici dans ce royaume, en suggérant au roi notre maître l'idée d'une entrevue qui a englouti tant de trésors, pour parvenir à un traité coûteux, et qui, comme un verre, se casse dès qu'on le rince !

NORFOLK.- J'en conviens, c'est ce qui est arrivé.

BUCKINGHAM.- Je vous prie, veuillez bien m'écouter. Cet artificieux cardinal a dressé les articles du traité comme il lui a plu, et ils ont été ratifiés dès qu'il a dit: Que cela soit; et cela pour servir tout autant que des béquilles à un mort. Mais c'est notre comte cardinal qui l'a fait, et tout est au mieux; c'est l'ouvrage du digne Wolsey, qui ne peut jamais se tromper !- Et voici maintenant les conséquences, que je regarde en quelque sorte comme les enfants de la vieille mère: c'est que l'empereur Charles, sous couleur de rendre visite à la reine sa tante (car voilà son prétexte, mais il est venu en effet pour marmotter avec Wolsey), nous arrive ici dans la crainte où il était que cette entrevue de la France et de l'Angleterre ne vînt à établir entre ces deux puissances une amitié contraire à ses intérêts; car il a pu entrevoir dans ce traité des dangers qui le menaçaient. Il négocie secrètement avec notre cardinal, pour l'engager à changer les projets du roi, et lui faire rompre la paix; et c'est, je n'en doute pas, après avoir fait et pavé un pont d'or que l'empereur a exprimé son désir, et j'ai d'autant plus de raisons de le croire que je sais certainement qu'il a payé avant de promettre, en sorte que sa demande a été accordée avant qu'il la formât. Il faut que le roi sache, comme il le saura bientôt par moi, que c'est ainsi que le cardinal achète et vend comme il lui plaît, et à son profit, l'honneur de Sa Majesté.

NORFOLK.- Je suis fâché d'entendre ce que vous dites du cardinal, et je désirerais qu'il y eût là quelque erreur sur son compte.

BUCKINGHAM.- Il n'y a pas l'erreur d'une syllabe; je le déclare tel que je vous le peins; la preuve vous le montrera tel.

(Entre Brandon avec un sergent d'armes, et devant lui deux ou trois gardes.)

BRANDON.- Sergent, faites votre devoir.

LE SERGENT.- Au nom du roi, notre souverain, je vous arrête, milord duc de Buckingham, comte d'Hereford, de Strafford et de Northampton, pour crime de haute trahison.

BUCKINGHAM.- Tenez, milord, me voilà pris dans ses filets; je périrai victime de ses intrigues et de ses menées.

BRANDON.- Je suis fâché de vous voir ôter la liberté d'agir dans cette affaire; mais la volonté de Sa Majesté est que vous vous rendiez à la Tour.

BUCKINGHAM.- Il ne me servira de rien de vouloir défendre mon innocence; on a jeté sur moi une couleur qui me noircira dans ce que j'ai de plus pur. Que la volonté du ciel soit faite en cela et en toutes choses ! J'obéis:- O mon cher lord Abergavenny.... Adieu.

BRANDON.- Eh mais, il faut qu'il vous tienne compagnie. (*Au lord*

Abergavenny.) C'est la volonté du roi que vous soyez mis à la Tour, jusqu'à ce qu'il ait pris une détermination ultérieure.

ABERGAVENNY.- Comme a dit le duc, que la volonté du Ciel soit faite, et les ordres du roi accomplis.

BRANDON.- Voici un ordre du roi pour s'assurer de lord Montaigu, et de la personne du confesseur du duc, Jean de la Cour; d'un Gilbert Peck, son chancelier....

BUCKINGHAM.- Allons, allons, ce seront les membres du complot ! Il n'y en a point d'autres, j'espère ?

BRANDON.- Il y a un chartreux !

BUCKINGHAM.- Ah ! Nicolas Hopkins ?

BRANDON.- Lui-même.

BUCKINGHAM.- Mon intendant est un traître ! Le souverain cardinal lui aura fait voir de l'or. Mes jours sont déjà comptés; je ne suis que l'ombre du pauvre Buckingham effacé dès cet instant par le nuage qui vient d'obscurcir l'éclat de mon soleil. Adieu, milord.

(Ils sortent.)

SCÈNE II

La chambre du conseil.- Fanfares de cors.

Entrent LE ROI HENRI, LE CARDINAL WOLSEY, LES LORDS DU CONSEIL ET SIR THOMAS LOVEL, *officiers, suite. Le roi entre appuyé sur l'épaule du cardinal.*

LE ROI HENRI.- Oui, ma vie et tout ce qu'elle a de plus précieux vous sont redevables de ce grand service; j'étais déjà sous le coup d'une conspiration prête à éclater, et je vous remercie de l'avoir étouffée. Qu'on fasse venir devant nous ce gentilhomme du duc de

Buckingham; je veux l'entendre lui-même soutenir ses aveux, et me répéter de point en point la trahison de son maître.

(Le roi monte sur son trône; les lords du conseil prennent leurs places. Le cardinal s'assied aux pieds du roi et à sa droite.)

(On entend du bruit derrière le théâtre, et l'on crie Place à la reine ! La reine entre précédée des ducs de Norfolk et Suffolk, et se jette aux pieds du roi, qui se lève de son trône, la relève, l'embrasse et la place auprès de lui.)

CATHERINE.- Non, il faut que je reste à vos pieds; je suis une suppliante.

LE ROI HENRI.- Levez-vous, et prenez place auprès de nous. Il y a toujours une moitié de vos demandes que vous n'avez pas besoin d'exprimer; vous avez la moitié de notre pouvoir, et l'autre vous est accordée avant que vous la demandiez. Déclarez votre volonté, et elle sera exécutée.

CATHERINE.- Je rends grâces à Votre Majesté. L'objet de ma pétition est que vous daigniez vous aimer vous-même, et que, d'après ce sentiment, vous ne perdiez pas de vue votre honneur et la dignité de votre rang.

LE ROI HENRI.- Continuez, madame.

CATHERINE.- Un grand nombre de personnes, et toutes d'une condition relevée, m'ont conjurée de vous dire, de vous apprendre que vos sujets souffrent cruellement; qu'on a fait circuler dans le royaume des ordres qui ont porté un coup fatal à leurs sentiments de fidélité; et quoique dans leurs ressentiments, mon bon lord cardinal, ce soit contre vous qu'ils s'élèvent avec le plus d'amertume, comme le promoteur de ces exactions, cependant le roi notre auguste maître (dont le Ciel veuille préserver le nom de toute tache !), le roi lui-même n'échappe pas à des propos tellement irrévérents, que, brisant toutes les retenues qu'impose la loyauté, ils se tournent presque en révolte déclarée.

NORFOLK.- Non pas presque, mais tout à fait, car, opprimés par ces taxes, tous les fabricants se trouvant hors d'état d'entretenir les ouvriers de leurs ateliers, ont renvoyé les fileurs, cardeurs, fouleurs et tisserands qui, incapables de tout autre travail, poussés par faim et par le défaut de ressources, se sont soulevés, affrontant l'événement en désespérés; et le danger s'est enrôlé parmi eux.

LE ROI HENRI.- Des taxes ! où donc ? et quelle taxe enfin ?- Milord cardinal, vous qui êtes avec nous l'objet de leurs reproches, avez-vous connaissance de cette taxe ?

WOLSEY.- Je répondrai à Votre Majesté que je ne les connais que pour ma part personnelle dans ce qui concerne les affaires de l'État: je ne suis que le premier dans la ligne où mes collègues marchent avec moi.

CATHERINE.- Non, milord, vous n'en savez pas plus que les autres; mais c'est vous qui dressez les plans dont ils ont comme vous connaissance, et qui ne sont pas salutaires à ceux qui voudraient bien ne les connaître jamais, et qui cependant sont forcément obligés de faire connaissance avec eux. Ces exactions, dont mon souverain désire être instruit, sont odieuses à entendre raconter, et on ne les saurait porter sans que les reins succombent sous un tel fardeau. On dit qu'elles sont imaginées par vous; si cela n'est pas, vous êtes malheureux d'exciter de telles clameurs.

LE ROI HENRI.- Et toujours des exactions ? De quel genre ? De quelle nature est enfin cette taxe ? Expliquez-le-nous.

CATHERINE.- Je m'expose peut-être trop à irriter votre patience; mais enfin je m'enhardis sur la promesse de votre pardon. Le mécontentement du peuple vient des ordres qui ont été expédiés pour lever sur chacun la sixième partie du revenu, exigible sans délai; on donne pour prétexte une guerre contre la France. Par là les bouches s'enhardissent, les langues rejettent tout respect, et la fidélité se glace dans des coeurs refroidis. Là où l'on entendait des prières, on entend aujourd'hui des malédictions; et il est vrai que la docile obéissance ne se soumet plus qu'aux volontés irritées de chacun. Je voudrais que

Votre Majesté prit ceci promptement en considération; il n'y a point d'affaire plus urgente.

LE ROI HENRI.- Sur ma vie, cela est contre notre volonté.

WOLSEY.- Quant à moi, je n'y ai d'autre part que d'avoir donné ma voix comme les autres, et cela n'a passé qu'avec l'approbation éclairée des membres du conseil. Si je suis maltraité par des voix qui, sans connaître ni l'étendue de mes pouvoirs ni ma personne, se font les historiens de mes actions, permettez-moi de vous dire que c'est le sort des gens en place, et que ce sont là les ronces à travers lesquelles est obligée de marcher la vertu. Nous ne devons pas rester en arrière de notre devoir, par la crainte d'avoir à lutter contre des censeurs malveillants, qui toujours, comme les poissons dévorants, s'attachent à la trace du vaisseau récemment équipé, et n'en remportent d'autre avantage qu'une inutile attente. Souvent ce que nous faisons de mieux sera interprété par des esprits malades, quelquefois de la plus pauvre espèce, qui nous en refuseront la louange ou la possession, et souvent aussi ce que nous avons fait de moins bien étant de nature à frapper des intelligences plus grossières, sera proclamé comme notre chef-d'oeuvre. Si nous restions tranquilles à la même place, dans la crainte que nos démarches ne fussent ou tournées en ridicule ou blâmées, nous pourrions prendre racine dans nos places, ou demeurer de vraies statues d'État.

LE ROI HENRI.- Tout ce qui est bien et fait avec prudence est à l'abri de la crainte; mais il y a toujours quelque chose à craindre du résultat des choses jusque-là sans exemple. Avez-vous quelque précédent pour une pareille ordonnance ? Je crois que vous n'en avez aucun. Nous ne devons pas arracher violemment nos peuples à nos lois, pour les assujettir à notre volonté. La sixième partie de leur revenu ! c'est une taxe qui fait trembler ! Quoi ! nous prenons de chaque arbre les branches, l'écorce et une partie du tronc ! Nous avons beau lui laisser sa racine; lorsqu'elle est si horriblement mutilée, l'air en boira la sève. Envoyez dans tous les comtés où l'on s'est élevé contre cette taxe des lettres de pardon pour tous ceux qui auront refusé de s'y soumettre. Je vous prie, ayez soin que cela soit fait; je vous en charge.

WOLSEY, *à son secrétaire*.- Approchez, j'ai à vous parler.- Ecrivez au nom du roi, dans tous les comtés, des lettres de grâce et de pardon. Les communes grevées ont mauvaise idée de moi; faites courir le bruit que c'est à notre intercession qu'elles doivent la révocation de l'impôt et leur pardon. Je vous donnerai, dans un moment, des instructions ultérieures sur toute cette affaire.

(Le secrétaire sort.)

(Entre l'intendant du duc de Buckingham.)

CATHERINE.- Je suis affligée que le duc de Buckingham ait encouru votre disgrâce.

LE ROI HENRI.- Cela afflige beaucoup de gens. Ce gentilhomme est instruit, doué d'un rare talent pour la parole; personne ne doit plus que lui à la nature; ses connaissances sont si grandes qu'il peut éclairer et instruire les plus savants, sans avoir jamais besoin pour lui-même du secours des autres. Et voyez, cependant, quand ces nobles avantages sont mal employés, comment l'âme venant à se corrompre, ils ne se montrent plus que sous une forme vicieuse, plus hideux dix fois qu'ils ne furent jamais beaux. Cet homme si accompli, qu'on avait compté au rang des prodiges, qui, lorsque nous l'écoutions avec une sorte de ravissement, nous faisait passer les heures comme les minutes; cet homme, madame, a changé en de monstrueuses habitudes les mérites qu'il possédait jadis, et il est devenu aussi noir que s'il avait été trempé dans l'enfer.- Prenez place à côté de nous (cet homme avait sa confiance), et l'on vous apprendra, sur son compte, des choses à frapper de tristesse tout homme d'honneur.- Ordonnez-lui de redire les pratiques dont il a déjà fait le récit, et que nous ne saurions vouloir repousser trop loin et éclairer de trop près.

WOLSEY.- Avancez, et racontez hardiment tout ce qu'en sujet vigilant, vous avez recueilli sur le duc de Buckingham.

LE ROI HENRI.- Parle librement.

L'INTENDANT.- D'abord, il lui était ordinaire de ne pas passer un jour sans mêler à ses discours ce propos criminel, que, si le roi venait à mourir sans postérité, il ferait si bien qu'il s'approprierait le sceptre: je lui ai entendu dire ces propres paroles à son gendre, le lord Abergavenny, à qui il jurait avec menaces qu'il se vengerait du cardinal.

WOLSEY.- Votre Majesté voudra bien remarquer en ceci ses dangereux sentiments: parce qu'il n'est pas en faveur autant qu'il le désire, c'est à votre personne que sa haine en veut le plus, et elle s'étend même jusque sur vos amis.

CATHERINE.- Docte lord cardinal, apportez de la charité dans toutes les affaires.

LE ROI HENRI.- Poursuis; et sur quoi fondait-il son titre à la couronne, à notre défaut ? Lui as-tu jamais oui dire quelque chose sur ce point ?

L'INTENDANT.- Il a été amené à cette idée par une vaine prophétie de Nicolas Hopkins.

LE ROI HENRI.- Quel est cet Hopkins ?

L'INTENDANT.- Sire, c'est un moine chartreux, son confesseur, qui l'entretenait sans cesse d'idées de souveraineté.

LE ROI HENRI.- Comment le sais-tu ?

L'INTENDANT.- Quelque temps avant que Votre Majesté partit pour la France, le duc étant à la Rose[3], dans la paroisse de Saint-Laurent-Poultney, me demanda ce que disaient les habitants de Londres sur ce voyage de France. Je lui répondis qu'on craignait que les Français n'usassent de quelque perfidie sur la personne du roi. Aussitôt le duc répliqua que c'était en effet ce qu'on craignait, et qu'il appréhendait que l'événement ne justifiât certain discours prononcé par un saint religieux, «qui souvent, me dit-il, a envoyé chez moi me prier de permettre à Jean de la Cour, mon chapelain, de prendre une heure pour aller apprendre de lui des choses assez importantes; et lorsque celui-ci eut solennellement juré, sous le sceau de la confession, de ne révéler ce qu'il venait de lui dire à personne au monde qu'à moi seul, il prononça ces paroles d'un ton grave et mystérieux: *Dites au duc que ni le roi ni ses héritiers ne prospéreront: exhortez-le à s'efforcer de gagner l'amour du peuple: le duc gouvernera l'Angleterre.»*

[Note 3: Une maison de plaisance du duc de Buckingham.]

CATHERINE.- Si je vous connais bien, vous étiez l'intendant du duc; et vous avez perdu votre emploi sur les plaintes de ses vassaux. Prenez bien garde de ne pas accuser, dans un mouvement de haine, un noble personnage, et de ne pas perdre votre âme, plus noble encore: je vous le répète, prenez-y bien garde; oui, je vous en conjure avec instance.

LE ROI HENRI.- Laissez-le parler.- Allons, continue.

L'INTENDANT.- Sur mon âme, je ne dirai que la vérité. Je fis observer alors à milord duc que le moine pouvait être déçu par les illusions du diable, et qu'il était dangereux pour lui de s'arrêter à ruminer sur ces idées avec assez d'application pour qu'il en sortit quelque projet qu'il finirait par croire possible, et qu'alors vraisemblablement il voudrait exécuter. «Bah ! me répondit-il, il n'en peut résulter aucun mal pour moi;» ajoutant encore que, si le roi eût succombé dans sa dernière maladie, les têtes du cardinal et de sir Thomas Lovel auraient sauté.

LE ROI HENRI.- Eh, quoi ! si haineux ? Oh, oh ! cet homme est dangereux.- Sais-tu quelque chose de plus ?

L'INTENDANT.- Oui, mon souverain.

LE ROI HENRI.- Poursuis.

L'INTENDANT.- Étant à Greenwich, lorsque Votre Majesté eut réprimandé le duc à l'occasion de sir William Bloomer...

LE ROI HENRI.- Je me souviens de cela.- C'était un homme qui s'était engagé à mon service, et le duc le retint pour lui.- Mais voyons: eh bien ! après ?

L'INTENDANT.- «Si, dit-il, on m'avait arrêté pour cela, et qu'on m'eût envoyé, par exemple, à la Tour, je crois que j'aurais exécuté le rôle que mon père méditait de jouer sur l'usurpateur Richard. Mon père, étant à Salisbury, tâcha d'obtenir qu'il lui fût permis de paraître en sa présence: si Richard y eût consenti, mon père, au moment où il aurait feint de lui rendre hommage, lui aurait enfoncé son poignard dans le coeur.»

LE ROI HENRI.- Traître démesuré !

WOLSEY.- Eh bien, madame, Sa Majesté peut-elle vivre tranquille tant que cet homme sera libre ?

CATHERINE.- Que Dieu porte remède à tout ceci !

LE ROI HENRI.- Ce n'est pas tout. Qu'as-tu à dire de plus ?

L'INTENDANT.- Après avoir parlé «du duc son père et du poignard,» il s'est mis en posture; et, une main sur son poignard et l'autre à plat sur son sein, élevant les yeux, il a vomi un horrible serment, dont la teneur était que, si on le maltraitait, il surpasserait son père, autant que l'exécution surpasse un projet indécis.

LE ROI HENRI.- Il a vu mettre un terme à son projet d'enfoncer son poignard dans notre sein.- Il est arrêté; qu'on lui fasse son procès sans délai. S'il peut trouver grâce devant la loi, elle est à lui; sinon, qu'il n'en attende aucune de nous. C'est, de la tête aux pieds[4], un traître dans toute la force du terme.

(Ils sortent.)

[Note 4: By day and night, paraît être une ancienne expression signifiant de tout point, et répondant à peu près à celle-ci: de la tête aux pieds.]

SCÈNE III

Un appartement du palais.

Entrent LE LORD CHAMBELLAN ET LE LORD SANDS.

LE CHAMBELLAN.- Est-il possible que la France ait une magie capable de faire tomber les hommes dans de si étranges mystifications ?

SANDS.- Les modes nouvelles, fussent-elles le comble du ridicule et même indignes de l'homme, sont toujours suivies.

LE CHAMBELLAN.- Autant que je puis voir, tout le profit que nos Anglais ont retiré de leur dernier voyage se réduit à une ou deux grimaces, mais aussi des plus ridicules. Quand ils les étalent, vous jureriez sans hésiter que leur nez a été du conseil de Pépin ou de Clotaire, tant ils le portent haut.

SANDS.- Ils se sont tous fait de nouvelles jambes, et tout estropiées; quelqu'un qui ne les aurait jamais vus marcher auparavant leur croirait les éparvins ou des convulsions dans les jarrets.

LE CHAMBELLAN.- Par la mort ! milord, leurs habits aussi sont taillés sur un patron tellement païen qu'il faut qu'ils aient mis leur chrétienté au rebut. (*Entre sir Thomas Lovel.*) Eh bien, quelles nouvelles, sir Thomas Lovel ?

LOVEL.- En vérité, milord, je n'en sais aucune que le nouvel édit qui vient d'être affiché aux portes du palais.

LE CHAMBELLAN.- Quel en est l'objet ?

LOVEL.- La réforme de nos voyageurs du bel air, qui remplissaient la cour de querelles, de jargon, et de tailleurs.

LE CHAMBELLAN.- J'en suis bien aise; et je voudrais prier aussi nos messieurs de croire qu'un courtisan anglais peut avoir du sens, sans avoir jamais vu le Louvre.

LOVEL.- Il faut qu'ils se décident (car telles sont les dispositions de l'ordonnance) ou à abandonner ces restes d'accoutrement de fou, ces plumes qu'ils ont rapportées de France, et toutes ces brillantes billevesées qu'ils y ajoutent, comme leurs combats et leurs feux d'artifices, et toute cette science étrangère dont ils viennent insulter des gens qui valent mieux qu'eux; qu'ils abjurent net leur culte religieux pour la paume, les bas qui montent au-dessus du genou, leurs courts hauts-de-chausses bouffis, et toute cette enseigne de voyageurs, et qu'ils en reviennent à se comporter en honnêtes gens; ou bien qu'ils plient bagage pour aller rejoindre leurs anciens compagnons de mascarade; là, je crois, ils pourront cum privilegio achever d'user jusqu'au bout leur sottise et se faire moquer d'eux.

SANDS.- Il est grand temps de leur administrer le remède, tant leur maladie est devenue contagieuse !

LE CHAMBELLAN.- Quelle perte vont faire nos dames en fait de frivolités !

LOVEL.- Oui, vraiment; ce seront de grandes douleurs, milords; ces rusés drôles ont imaginé un moyen tout à fait prompt pour venir à bout de nos dames; une chanson française, et un violon; il n'est rien d'égal à cela.

SANDS.- Le diable leur donne du violon ! je suis bien aise qu'ils délogent; car, certes, il n'y a plus aucun espoir de les convertir. Enfin un honnête lord de campagne, tel que moi, chassé longtemps de la scène, pourra hasarder tout bonnement son air de chanson, se faire écouter une heure, et par Notre-Dame, soutenir le ton à l'unisson.

LE CHAMBELLAN.- Bien dit, lord Sands, vous n'avez pas encore mis à bas votre dent de poulain.

SANDS.- Non, milord, et je n'en ferai rien, tant qu'il en restera un chicot.

LE CHAMBELLAN.- Sir Thomas, où allez-vous de ce pas ?

LOVEL.- Chez le cardinal: Votre Seigneurie est aussi invitée.

LE CHAMBELLAN.- Et vraiment oui ! il donne ce soir à souper; un grand souper à quantité de lords et de dames: vous y verrez les beautés de l'Angleterre, je puis vous en répondre.

LOVEL.- C'est, il faut l'avouer, un homme d'église qui a de la grandeur dans l'âme; sa main est aussi libérale que la terre qui nous nourrit: la rosée de ses grâces se répand partout.

LE CHAMBELLAN.- Cela est certain, il est très-noble; ceux qui ont dit le contraire ont proféré une noire calomnie.

SANDS.- Il le peut, milord; il a tout ce qu'il lui faut pour cela: l'avarice serait en lui un pire péché que la mauvaise doctrine: les hommes de sa sorte doivent être des plus généreux: ils sont faits pour donner l'exemple.

LE CHAMBELLAN.- Sans doute, ils sont faits pour cela; mais peu en donnent aujourd'hui de si grands.- Ma barge m'attend: vous allez nous accompagner, milord.- Venez, mon bon sir Thomas: autrement nous arriverions trop tard; ce que je ne veux pas, car c'est sir Henri Guilford et moi qu'on a chargés d'être les ordonnateurs de la fête.

SANDS.- Je suis aux ordres de Votre Seigneurie.

(Ils sortent.)

SCÈNE IV

La salle d'assemblée du palais d'York.

Hautbois. On voit une petite table à part, sous un dais pour le cardinal: une autre plus longue, dressée pour les convives. Entrent par une porte ANNE BOULEN, *et plusieurs autres dames invitées à la fête. Entre par l'autre porte* SIR HENRI GUILFORD.

GUILFORD.- Mesdames, je vous donne à toutes la bienvenue, au nom de Sa Grandeur: il consacre cette soirée aux doux plaisirs et à vous; il se flatte qu'il n'en est aucune dans cette noble assemblée, qui ait apporté avec elle le moindre souci, et désire voir, à tout le moins, la gaieté que doivent inspirer à des gens de bonne volonté, une très-bonne compagnie, de bon vin et un bon accueil. (*Entrent le lord chambellan, lord Sands, et sir Thomas Lovel.*) Ah ! milord, vous vous faites attendre: l'idée seule d'une si belle assemblée m'a donné des ailes.

LE CHAMBELLAN.- Vous êtes jeune, sir Henri Guilford.

SANDS.- Sir Thomas Lovel, si le cardinal avait seulement la moitié de mon humeur laïque, quelques-unes de ces dames pourraient recevoir, avant de s'aller reposer, un petit impromptu, qui, je crois, serait plus à leur gré que tout le reste. Sur ma vie, c'est une charmante réunion de belles personnes.

LOVEL.- Que n'êtes-vous seulement pour cet instant le confesseur d'une ou deux !

SANDS.- Je le voudrais de tout mon coeur: elles auraient de moi une pénitence commode.

LOVEL.- Comment ! Eh ! vraiment donc, comment ?

SANDS.- Aussi commode que pourrait la leur procurer un lit de plumes.

LE CHAMBELLAN.- Aimables dames, vous plaît-il de vous asseoir ? Sir Henri, placez-vous de ce côté.- Moi, j'aurai soin de celui-ci.- Sa Grâce va entrer.- Allons donc, il ne faut pas vous geler; deux femmes l'une près de l'autre, il n'en peut sortir que du froid.- Milord Sands, vous êtes bon pour les tenir éveillées. Je vous prie, asseyez-vous entre ces deux dames.

SANDS.- Oui, par ma foi, et j'en rends grâces à Votre Seigneurie.- Permettez, belles dames (*il s'assied*): s'il m'arrive de battre un peu la campagne, pardonnez-le-moi; je tiens cela de mon père.

ANNE.- Est-ce qu'il était fou, milord ?

SANDS.- Oh ! très-fou, excessivement fou, et surtout en amour; mais il ne mordait personne: tenez, précisément comme je fais à présent, il vous aurait embrassée vingt fois en un clin d'oeil.

(Il embrasse Anne Boulen.)

LE CHAMBELLAN.- A merveille, milord.- Allons, vous voilà tous bien placés.- Cavaliers, ce sera votre faute si ces belles dames s'en vont de mauvaise humeur.

SANDS.- Quant à ma petite affaire, soyez en repos.

(Hautbois. Le cardinal Wolsey entre avec une suite et prend sa place.)

WOLSEY.- Vous êtes les bienvenus, mes aimables convives. Toute noble dame ou tout cavalier qui ne se réjouira pas de tout son coeur n'est pas de mes amis. Et pour gage de mon accueil, à votre santé à tous.

(Il boit.)

SANDS.- Votre Grâce en use noblement.- Si l'on veut me donner un gobelet de taille à contenir tous mes remerciements, ce sera toujours autant de paroles épargnées.

WOLSEY.- Milord Sands, je vous suis redevable. Allons, égayez vos voisines.- Eh bien, mesdames, vous n'êtes pas gaies ?- Cavaliers, à qui donc la faute ?

SANDS.- Il faut auparavant, milord, que le vin rouge soit monté dans leurs jolies joues; et alors vous les entendrez parler jusqu'à nous faire taire.

ANNE.- Vous êtes un joyeux voisin, milord Sands.

SANDS.- Oui, quand je trouve à faire ma partie.- A votre santé, madame, et faites-moi raison, s'il vous plaît: car je bois à une chose....

ANNE.- Dont vous ne pouvez me montrer la pareille[5].

[Note 5:

Here's to your ladyship, and pledge it, madam, For 'tis to such a thing.... You cannot show me.

Ladyship est pris dans son double sens de votre *seigneurie*, et votre *qualité de femme*.]

SANDS.- J'ai dit à Votre Grâce qu'elles parleraient bientôt.

(On entend derrière le théâtre les tambours et les trompettes, et une décharge de canons.)

WOLSEY.- Qu'est-ce que c'est que cela ?

LE CHAMBELLAN.- Allez voir ce que c'est.

(Un serviteur sort.)

WOLSEY.- Quels accents guerriers ! que peuvent-ils signifier ? Mais n'ayez pas peur, mesdames: par toutes les lois de la guerre vous êtes privilégiées.

(Rentre le serviteur.)

LE CHAMBELLAN.- Eh bien ? qu'est-ce que c'est ?

LE SERVITEUR.- Une compagnie de nobles étrangers, car ils en ont l'air. Ils ont quitté leur barge et sont descendus à terre; et ils s'avancent avec l'appareil de magnifiques ambassadeurs envoyés par des princes étrangers.

WOLSEY.- Cher lord chambellan, allez les recevoir: vous savez parler français; je vous prie, traitez-les avec honneur, et introduisez-les dans cette salle, où ce ciel de beautés brillera sur eux de tout son éclat.... Que plusieurs d'entre vous l'accompagnent. (*Le chambellan sort accompagné, tous se lèvent et l'on ôte les tables.*) Voilà le banquet interrompu; mais nous vous en dédommagerons. Je vous souhaite à tous une bonne digestion; et encore une fois, je répands sur vous une pluie de saluts. Soyez tous les bienvenus ! (*Hautbois. Entrent le roi et douze autres masques sous l'habit de bergers, accompagnés de seize porteurs de flambeaux. Ils sont introduits par le lord chambellan, et défilent tous devant le cardinal qu'ils saluent gracieusement.*) Une noble compagnie !.... Que désirent-ils ?

LE CHAMBELLAN.- Comme ils ne parlent pas anglais, ils m'ont prié de dire à Votre Grâce qu'instruits par la renommée que cette assemblée si noble et si belle devait se réunir ici ce soir, ils n'ont pu moins faire, vu la grande admiration qu'ils portent à la beauté, que de quitter leurs troupeaux, et de demander, sous vos favorables auspices, la permission de voir ces dames, et de passer une heure de divertissement avec elles.

WOLSEY.- Dites-leur, lord chambellan, qu'ils ont fait beaucoup d'honneur à mon humble logis; que je leur en rends mille actions de grâces, et les prie d'en user à leur plaisir.

(On choisit les dames pour danser; le roi choisit Anne Boulen.)

LE ROI HENRI.- C'est la plus belle main que j'aie touchée de ma vie ! O beauté, je ne t'avais pas connue jusqu'à ce jour.

(La musique joue: la danse commence.)

WOLSEY, *au chambellan.*- Milord ?

LE CHAMBELLAN.- Votre Grâce ?

WOLSEY.- Je vous prie, dites-leur de ma part qu'il pourrait y avoir quelqu'un dans leur compagnie, dont la personne serait plus digne que moi de la place que j'occupe, et à qui, si je le connaissais, je la remettrais, et lui offrirais en même temps l'hommage de mon attachement et de mon respect.

LE CHAMBELLAN.- J'y vais, milord.

(Le chambellan aborde les masques, et revient un moment après.)

WOLSEY.- Que vous ont-ils dit ?

LE CHAMBELLAN.- Ils conviennent tous qu'il y a en effet parmi eux une telle personne; mais ils voudraient que Votre Grâce la devinât;

elle le permet.

WOLSEY.- Voyons donc. (*Il quitte son siége d'honneur.*) Avec votre permission à tous, cavaliers.- C'est ici que je fixe mon choix, et je le crois royal.

LE ROI HENRI.- Vous avez deviné, cardinal.- Vous avez là vraiment un cercle brillant ! c'est à merveille, cardinal. Vous êtes homme d'église; sans cela, je vous le dirai, cardinal, j'aurais eu sur vous de mauvaises pensées.

WOLSEY.- Je suis bien ravi que Votre Grâce soit de si bonne humeur.

LE ROI HENRI.- Milord chambellan, écoute, je te prie, approche; quelle est cette belle dame ?

LE CHAMBELLAN.- Sous le bon plaisir de Votre Grâce, c'est la fille de sir Thomas Boulen, vicomte de Rocheford, une des femmes de Sa Majesté.

LE ROI HENRI.- Par le ciel, elle est ravissante. (*A Anne de Boulen.*) Mon cher coeur, je serais bien peu galant de vous prendre pour danser, sans vous donner un baiser.- Allons, cavaliers, une santé à la ronde.

WOLSEY.- Sir Thomas Lovel, le banquet est-il prêt dans ma chambre ?

LOVEL.- Oui, milord.

WOLSEY.- Je crains que la danse n'ait un peu échauffé Votre Grâce.

LE ROI HENRI.- Beaucoup trop, j'en ai peur.

WOLSEY.- Vous trouverez un air plus frais, sire, dans la chambre voisine.

LE ROI HENRI.- Allons, conduisez chacun vos dames. (*A Anne Boulen.*) Ma belle compagne, je ne dois pas vous quitter encore.- Allons, égayons-nous.- Mon cher lord cardinal, j'ai une demi-douzaine de santés à boire à ces belles dames, et une danse encore à danser avec elles; après quoi nous irons rêver à qui de nous est le plus favorisé. Allons, que la musique donne le signal.

(Ils sortent au son des fanfares.)

FIN DU PREMIER ACTE.

ACTE DEUXIÈME

SCÈNE I

Une rue de Londres.

Entrent DEUX GROS BOURGEOIS, *venant de deux côtés différents.*

PREMIER BOURGEOIS.- Où courez-vous si vite ?

SECOND BOURGEOIS.- Ah !- Dieu vous garde !- J'allais jusqu'à la salle du parlement, pour apprendre quel sera le sort de l'illustre duc de Buckingham.

PREMIER BOURGEOIS.- Je puis vous épargner cette peine: tout est fini; il ne reste plus que la cérémonie de reconduire le prisonnier.

SECOND BOURGEOIS.- Y étiez-vous ?

PREMIER BOURGEOIS.- Oui, j'y étais.

SECOND BOURGEOIS.- Je vous prie, dites-moi ce qui s'est passé ?

PREMIER BOURGEOIS.- Vous pouvez aisément le deviner.

SECOND BOURGEOIS.- A-t-il été déclaré coupable ?

PREMIER BOURGEOIS.- Oui, vraiment, il l'a été; et condamné.

SECOND BOURGEOIS.- J'en suis affligé.

PREMIER BOURGEOIS.- Il y en a bien d'autres que vous.

SECOND BOURGEOIS.- Mais, de grâce, comment cela s'est-il passé ?

PREMIER BOURGEOIS.- Je vais vous le dire en peu de mots. Le noble duc est venu à la barre; là, contre toutes les accusations, il a constamment plaidé, non coupable[6], et il a allégué plusieurs raisons, des plus fortes, pour échapper à la loi. L'avocat du roi a mis en avant les interrogatoires, les preuves et les dépositions de plusieurs témoins; le duc a demandé d'être confronté à ces témoins, *vivâ voce*, sur quoi on a produit contre lui son intendant, sir Gilbert Peck, son chancelier, John de la Cour, son confesseur, avec cet infernal moine Hopkins, qui a fait tout le mal.

[Note 6: C'est le terme de la loi: l'accusé plaide *guilty*, ou *not guilty*.]

SECOND CITOYEN.- Était-ce le moine qui nourrissait son imagination de ses prophéties ?

PREMIER BOURGEOIS.- Lui-même. Tous ces témoins l'ont fortement chargé; il a fait ses efforts pour récuser leur témoignage; mais cela ne lui a pas été possible; en sorte que les pairs, sur ces preuves, l'ont déclaré convaincu de haute trahison; il a parlé longtemps et savamment pour défendre sa vie; mais tout cela n'a produit que de la pitié pour lui, ou n'a pas été écouté.

SECOND BOURGEOIS.- Et ensuite, comment s'est-il comporté ?

PREMIER BOURGEOIS.- Lorsqu'on l'a reconduit une seconde fois à la barre pour entendre le son de la cloche de mort, son jugement, il a été saisi d'une telle angoisse qu'on l'a vu couvert de sueur, et il a prononcé, d'un ton de colère et avec précipitation, quelques paroles assez peu intelligibles.- Mais bientôt il s'est remis et a montré, le reste du temps, de la douceur et la plus noble patience.

SECOND BOURGEOIS.- Je ne crois pas qu'il ait peur de la mort.

SECOND BOURGEOIS.- Certainement le cardinal est au fond de tout ceci.

PREMIER BOURGEOIS.- Cela est vraisemblable d'après toutes les conjectures. D'abord on a disgracié Kildare, vice-roi d'Irlande, et quand il a été destitué, le comte de Surrey a été envoyé à sa place, et en grande hâte, de peur qu'il ne fût à portée de secourir son père.

SECOND BOURGEOIS.- C'est un tour de politique odieusement habile.

PREMIER BOURGEOIS.- A son retour, n'en doutez pas, le comte de Surrey l'en fera repentir. On remarque, et cela généralement, que quiconque gagne la faveur du roi, le cardinal lui trouve aussitôt de l'emploi, et toujours fort loin de la cour.

SECOND BOURGEOIS.- Tout le peuple le hait à mort, et, sur ma conscience, tous voudraient le voir à dix brasses sous terre, et ils aiment et idolâtrent le duc en proportion; ils l'appellent le généreux Buckingham, le miroir de toute courtoisie.

PREMIER BOURGEOIS.- Restez à cette place et vous allez voir le noble infortuné dont vous parlez.

(Entre Buckingham, revenant de son jugement: des huissiers à baguette argentée le précèdent; la hache est portée le tranchant tourné vers lui; il est entre deux rangs de hallebardes et accompagné de sir Thomas Lovel, sir Nicolas Vaux, sir William Sands et du peuple)

SECOND BOURGEOIS.- Demeurons pour le voir.

BUCKINGHAM.- Bon peuple, vous tous, qui êtes venus jusqu'ici pour me témoigner votre compassion, écoutez ce que je vais vous dire, et ensuite retournez chez vous et laissez-moi aller. J'ai subi dans ce jour la condamnation des traîtres, et je vais mourir sous ce nom. Cependant, le ciel en soit témoin, et s'il est en moi une conscience, qu'elle m'entraîne dans l'abîme, au moment où la hache tombera sur ma tête, je suis innocent et fidèle. Je n'en veux point à la loi de ma mort; d'après l'état du procès, on m'a fait justice; mais je pourrais désirer que ceux qui ont cherché à me faire périr fussent plus chrétiens.- Qu'ils soient ce qu'ils voudront, je leur pardonne de tout mon coeur. Cependant qu'ils prennent garde à ne pas se glorifier dans le mal et à ne pas élever leur coupable grandeur sur la ruine des hommes considérables; car alors mon sang innocent pourrait crier contre eux. Je n'espère plus de vie dans ce monde, et je ne solliciterai pas de grâce, quoique le roi ait plus de clémence que je n'oserais commettre de fautes. Je le demande au petit nombre d'entre vous qui m'aiment et qui osent avoir le courage de pleurer sur Buckingham; vous, mes nobles amis, mes compagnons, vous à qui je peux dire que vous quitter est pour moi la seule amertume, que cela seul est mourir; accompagnez-moi, comme de bons anges, jusqu'à la mort, et lorsque le coup de la hache me séparera de vous pour si longtemps, faites de vos prières unies un sacrifice agréable qui aide mon âme à s'élever vers le ciel.- (*A ses gardes.*) Conduisez-moi, au nom de Dieu.

LOVEL.- Au nom de la charité, je conjure Votre Grâce, si jamais vous avez caché dans votre coeur quelque animosité contre moi, de me pardonner aujourd'hui avec sincérité.

BUCKINGHAM.- Sir Thomas Lovel, je vous pardonne aussi sincèrement que je veux être pardonné moi-même; je pardonne à tous. Il ne peut y avoir contre moi d'offenses assez innombrables pour que je ne puisse les oublier en paix; aucun noir sentiment de haine ne fermera mon tombeau.- Recommandez-moi à Sa Majesté, et si elle parle de Buckingham, je vous prie, dites-lui que vous l'avez rencontré à moitié dans le ciel; mes voeux et mes prières sont encore pour le roi, et, jusqu'à ce que mon âme m'abandonne, ils ne cesseront d'implorer sur lui les bénédictions du Ciel ! Puisse-t-il vivre plus d'années que je n'en saurais compter pendant le temps qui me reste à vivre ! Puisse sa domination être à jamais chérie et bienveillante; et lorsque le grand âge le conduira à sa fin, que la bonté et lui n'occupent qu'un seul et même tombeau !

LOVEL.- C'est moi qui dois conduire Votre Grâce jusqu'au bord de la rivière: là, je vous remettrai à sir Nicolas de Vaux, qui est chargé de vous accompagner jusqu'à la mort.

DE VAUX.- Préparez tout: le duc s'avance; ayez soin que la barge soit prête, et décorée de tout l'appareil qui convient à la grandeur de sa personne.

BUCKINGHAM.- Non, sir Nicolas; laissez cela. La pompe de mon rang n'est plus pour moi qu'une dérision. Lorsque je suis venu ici, j'étais lord grand connétable et duc de Buckingham: maintenant, je ne suis que le pauvre Édouard Bohun; et, cependant, je suis plus riche que mes vils accusateurs, qui n'ont jamais su ce que c'était que la vérité. Moi, maintenant je la scelle de mon sang, et je les ferai gémir un jour sur ce sang. Mon noble père, Henri de Buckingham, qui le premier leva la tête contre l'usurpateur Richard, ayant dans sa détresse cherché un asile chez son serviteur Banister, fut trahi par ce misérable, et périt sans jugement. Que la paix de Dieu soit avec lui !- Henri VII, succédant au trône, et touché de pitié de la mort de mon père, en prince digne du trône, me rétablit dans mes honneurs, et fit de nouveau sortir mon nom de ses ruines avec tout l'éclat de la noblesse. Aujourd'hui, son fils Henri VIII a d'un seul coup enlevé de ce monde ma vie, mon honneur, mon nom, et tout ce qui me rendait heureux. On m'a fait mon procès, et, je dois l'avouer, dans les formes les plus convenables, en quoi je suis un peu plus heureux que ne l'a été mon infortuné père, et cependant, à cela près, nous subissons tous deux la même destinée: tous deux nous périssons par la main de nos domestiques, par les hommes que nous avons le plus aimés; service bien peu naturel et peu fidèle ! Le Ciel a toujours un but; cependant, vous qui m'écoutez, recevez pour certaine cette maxime de la bouche d'un mourant:- Prenez garde à ne pas vous trop livrer à ceux à qui vous prodiguez votre amour et vos secrets; car ceux dont vous faites vos amis, et auxquels vous donnez votre coeur, dès qu'ils aperçoivent le moindre obstacle dans le cours de votre fortune, s'écartent de vous comme l'eau, et vous ne les retrouverez plus que là où ils se disposent à vous engloutir. Vous tous, bon peuple, priez pour moi. Il faut que je vous quitte: la dernière heure de ma vie, depuis longtemps fatiguée, vient maintenant de m'atteindre; adieu.- Et lorsque vous voudrez parler de quelque chose de triste, dites comment je suis tombé.- J'ai fini; et que Dieu veuille me pardonner !

(Buckingham sort avec sa suite, et continue sa marche.)

PREMIER BOURGEOIS.- Oh ! cela vous navre le coeur.- Ami, cette mort, je le crains, appelle bien des malédictions sur la tête de ceux qui en sont les auteurs.

SECOND BOURGEOIS.- Si le duc est innocent, il en sortira de grands malheurs; et cependant je puis vous donner avis d'un mal à venir, qui, s'il arrive, sera plus grand encore que celui-ci.

PREMIER BOURGEOIS.- Que les bons anges nous en préservent ! Que voulez-vous dire ? Vous ne doutez pas de ma fidélité ?

SECOND BOURGEOIS.- Ce secret est si important qu'il exige la plus inviolable promesse de secret.

PREMIER BOURGEOIS.- Faites-m'en part: je ne suis pas bavard.

SECOND BOURGEOIS.- J'en suis sûr. Vous allez le savoir. N'avez-vous pas entendu tout récemment murmurer, quelque chose d'un divorce entre le roi et Catherine ?

PREMIER BOURGEOIS.- Oui; mais cela n'a pas duré; car lorsque ce bruit est revenu au roi, dans son courroux il a envoyé ordre au lord maire de l'arrêter sur-le-champ, et de réprimer les langues qui avaient osé le répandre.

SECOND BOURGEOIS.- Mais ce mauvais bruit, mon cher, est devenu depuis une vérité, et il se ranime plus vigoureusement que jamais: il paraît certain que le roi tentera ce divorce. C'est le cardinal, ou quelque autre de ceux qui l'approchent, qui, par haine contre notre bonne reine, ont jeté dans l'âme du roi un scrupule qui finira par la perdre; et ce qui paraît confirmer ceci, c'est que le cardinal Campeggio est arrivé tout nouvellement, et, à ce que je présume, pour cette affaire.

PREMIER BOURGEOIS.- C'est le cardinal; et s'il machine tout cela, c'est uniquement pour se venger de l'empereur, qui ne lui a pas accordé l'archevêché de Tolède, dont il avait fait la demande.

SECOND BOURGEOIS.- Je crois que vous avez touché le but. Mais n'est-il pas cruel que cela retombe sur elle ?- Le cardinal viendra à ses fins; il faut qu'elle soit sacrifiée.

PREMIER BOURGEOIS.- Cela est déplorable !- Nous sommes dans un lieu trop public pour raisonner sur cette affaire; allons y réfléchir en particulier.

(*Ils sortent.*)

SCENE II

Une chambre du palais.

Entre LE LORD CHAMBELLAN *lisant une lettre.*

«Milord, j'avais mis tout le soin dont je suis capable à m'assurer que les chevaux que demandait Votre Seigneurie fussent bien choisis, bien dressés, et bien équipés. Ils étaient jeunes et beaux, et de la meilleure race du nord. Mais au moment où ils étaient prêts à partir pour Londres, un homme au service de milord cardinal, muni d'une commission et d'un plein pouvoir me les a enlevés, en me donnant pour raison que son maître devait être servi avant un sujet, si même il ne devait pas l'être avant le roi; et cela nous a fermé la bouche, milord.» Je crains en effet que cela n'arrive bientôt.- À la bonne heure, qu'il les prenne; il prendra tout, je crois.

(Entrent les ducs de Norfolk et de Suffolk.)

NORFOLK.- Charmé de vous rencontrer, mon bon lord chambellan.

LE CHAMBELLAN.- Je souhaite le bonjour à Vos Grâces.

SUFFOLK.- Que fait le roi ?

LE CHAMBELLAN.- Je l'ai laissé seul, plein de troubles et de tristes pensées.

NORFOLK.- Quelle en est la cause ?

LE CHAMBELLAN.- Il paraît que son mariage avec la femme de son frère serre sa conscience de près.

SUFFOLK.- Non, c'est sa conscience qui serre de trop près une autre femme.

NORFOLK.- Précisément. C'est une oeuvre du cardinal, du cardinal-roi. Ce prêtre, aveugle comme le fils aîné de la fortune, change les choses à son gré. Le roi apprendra un jour à le connaître.

SUFFOLK.- Priez Dieu que cela arrive: autrement il ne cessera jamais de se méconnaître.

NORFOLK.- Qu'il agit saintement dans tout ce qu'il entreprend ! et avec quel zèle ! Maintenant qu'il a rompu l'alliance formée entre nous et l'empereur, le puissant neveu de la reine, il s'insinue dans l'âme du roi; y répand les doutes, les alarmes, les remords de conscience, les craintes, les désespoirs, et tout cela à propos de son mariage; et ensuite pour l'en délivrer, il lui conseille le divorce, il lui conseille la perte de cette femme, qui, comme un joyau précieux, a été vingt années suspendue à son cou, sans rien perdre de son lustre; de celle qui l'aime de cet amour parfait dont les anges aiment les hommes de bien; de celle qui, même lorsque le plus grand revers de fortune l'accablera, bénira encore le roi: n'est-ce pas là une oeuvre pieuse ?

LE CHAMBELLAN.- Le Ciel me préserve de prendre part à tout cela ! Il est vrai que cette nouvelle est répandue partout. Toutes les bouches la répètent, et tous les coeurs honnêtes en gémissent. Tous ceux qui osent pénétrer dans ces mystères en voient le grand but, la soeur du roi de France. Le Ciel ouvrira un jour les yeux du roi, qui se laisse depuis si longtemps endormir sur cet homme audacieux et pervers.

SUFFOLK.- Et nous délivrera de son esclavage.

NORFOLK.- Nous aurions grand besoin de prier, et avec ferveur, pour notre prompte délivrance, ou de princes que nous sommes, cet homme impérieux viendra à bout de faire de nous ses pages: toutes nos dignités sont là devant lui comme une masse indistincte, qu'il façonne à sa guise.

SUFFOLK.- Quant à moi, milords, je ne l'aime, ni ne le crains; voilà ma profession de foi: comme j'ai été fait ce que je suis sans lui, sans lui je me maintiendrai si le roi le trouve bon. Ses malédictions me louchent autant que ses bénédictions: ce sont des paroles auxquelles je ne crois point. Je l'ai connu, et je le connais, et je l'abandonne à celui qui l'a élevé de cette sorte, au pape.

NORFOLK.- Entrons, et cherchons, par quelque autre préoccupation, à distraire le roi de ces tristes réflexions qui prennent trop d'empire sur lui.- Milord, voulez-vous nous accompagner ?

LE CHAMBELLAN.- Excusez-moi. Le roi m'envoie ailleurs: et de plus vous allez voir que vous prenez mal votre moment pour l'interrompre.- Je salue Vos Seigneuries.

NORFOLK.- Mille grâces, mon bon lord chambellan.

(Le lord chambellan sort.)

(Norfolk ouvre une portière qui laisse voir le roi assis et lisant d'un air mélancolique.)

SUFFOLK,- Qu'il a l'air sombre ! Sûrement, il est cruellement affecté.

LE ROI HENRI.- Qui est là ? Ah !

NORFOLK.- Prions Dieu qu'il ne soit pas fâché.

LE ROI HENRI.- Qui donc est là, dis-je ?- Comment osez-vous vous immiscer dans mes secrètes méditations ? Qui suis-je donc ? Eh ! vraiment...

NORFOLK.- Un bon roi, qui pardonne toutes les offenses où la volonté n'a point de part. Ce qui nous fait manquer au respect qui vous est dû, c'est une affaire d'État: nous venons prendre les ordres de Votre Majesté.

LE ROI HENRI.- Vous êtes trop hardis.- Retirez-vous: je vous ferai savoir vos heures de travail. Est-ce là le moment de s'occuper des affaires temporelles ? Quoi donc ?... (*Entrent Wolsey et Campeggio.*) Qui est là ? Ah ! mon bon lord cardinal ?- Ô mon cher Wolsey, toi qui remets le calme dans ma conscience malade, tu es fait pour guérir un roi. (*À Campeggio.*) Vous êtes le bienvenu dans notre royaume, savant et vénérable prélat; disposez-en ainsi que de nous.- (*À Wolsey.*) Cher lord, ayez soin qu'on ne me prenne pas pour un donneur de paroles.

WOLSEY.- Sire, cela ne peut être.- Je désirerais que Votre Majesté voulût nous accorder seulement une heure d'entretien en particulier.

LE ROI HENRI, *à Norfolk et à Suffolk.*- Nous sommes en affaires: retirez-vous.

NORFOLK, *à part.*- Ce prêtre n'a pas d'orgueil !

SUFFOLK.- Non, cela ne vaut pas la peine d'en parler.- Je ne voudrais pas pour sa place en être aussi malade que lui: mais cela ne peut pas durer.

NORFOLK.- Si cela dure, je me hasarderai à lui porter quelque coup.

SUFFOLK.- Et moi un autre.

(Sortent Suffolk et Norfolk.)

WOLSEY.- Votre Grâce a donné un exemple de sagesse au-dessus de tous les princes de l'Europe, en vous rapportant librement de votre scrupule au jugement de la chrétienté. Qui pourrait maintenant s'offenser ? Quel reproche pourrait vous atteindre ? L'Espagnol, qui tient à la reine par les liens du sang et de l'affection, doit avouer aujourd'hui, s'il est de bonne foi, la justice et la noblesse de cette discussion solennelle. Tous les clercs, c'est-à-dire tous les clercs instruits et savants des royaumes chrétiens ont la liberté du suffrage: Rome, la gardienne de toute sagesse, sur l'invitation qu'elle en a reçue de votre auguste personne, nous a envoyé un interprète universel, cet excellent homme, cet ecclésiastique intègre et savant, le cardinal Campeggio, que je présente de nouveau à Votre Majesté.

LE ROI HENRI.- Et de nouveau je lui exprime, en le serrant dans mes bras, ma joie de le voir, et je remercie le saint conclave de l'amitié qu'il me témoigne en m'envoyant un homme tel que je pouvais le désirer.

CAMPEGGIO.- Votre Grâce ne peut manquer, par la noblesse de sa conduite, de mériter l'amour de tous les étrangers. Je présente à Votre Majesté le brevet de ma commission, en vertu duquel (de l'autorité de la cour de Rome), vous, milord cardinal d'York, vous êtes associé à moi, son serviteur, pour le jugement impartial de cette affaire.

LE ROI HENRI.- Deux hommes d'égale force.- La reine va être informée tout à l'heure du sujet de votre mission.- Où est Gardiner ?

WOLSEY.- Je sais que Votre Majesté l'a toujours trop tendrement aimée pour lui refuser ce que la loi accorderait à une femme d'un rang inférieur au sien, des jurisconsultes qui puissent librement défendre sa cause.

LE ROI HENRI.- Oui, elle en aura, et les plus habiles; et ma faveur est pour celui qui la défendra le mieux: Dieu me préserve qu'il en soit autrement.- Cardinal, je te prie, fais-moi venir mon nouveau secrétaire, Gardiner; il est propre à cette commission.

(Wolsey sort.)

(Rentre Wolsey avec Gardiner.)

WOLSEY.- Donnez-moi la main; je vous souhaite beaucoup de bonheur et de faveur: vous êtes maintenant au roi.

GARDINER, *à part*.- Pour rester aux ordres de Votre Grâce, dont la main m'a élevé.

LE ROI HENRI.- Approchez, Gardiner.

(Il lui parle bas.)

CAMPEGGIO.- Milord d'York, n'était-ce pas un docteur Pace, qui avait auparavant cette place ?

WOLSEY.- Oui, c'était lui.

CAMPEGGIO.- Ne passait-il pas pour un savant homme ?

WOLSEY.- Oui, certainement.

CAMPEGGIO.- Croyez-moi, il s'est élevé sur votre compte une opinion qui ne vous est pas favorable, lord cardinal.

WOLSEY.- Comment ! sur moi ?

CAMPEGGIO.- On ne manque pas de dire que vous avez été jaloux de lui; et que, craignant qu'il ne s'élevât par son rare mérite, vous l'avez toujours tenu étranger aux affaires, ce qui l'a tant affecté, qu'il en a perdu la raison, et qu'il en est mort.

WOLSEY.- Que la paix du ciel soit avec lui ! C'est tout ce qu'un chrétien peut faire pour son service. Quant aux vivants qui tiennent des propos, il y a pour eux des lieux de correction.- C'était un imbécile qui voulait à toute force être vertueux.- Pour cet honnête garçon qui le remplace, dès que je le commande il suit mes ordres à la lettre. Je ne veux pas avoir si près du roi des gens d'une autre espèce. Retenez bien ceci, frère, il ne faut pas nous laisser contrarier par des subalternes.

LE ROI HENRI, *à Gardiner*.- Exposez cela à la reine avec douceur. (*Gardiner sort*.) Le lieu le plus convenable que je puisse imaginer, pour la réunion de tant de science, c'est Black-Friars. C'est là que vous vous assemblerez pour examiner cette importante affaire.- Mon cher Wolsey, ayez soin que tout ce qui est nécessaire s'y trouve disposé.- Ô milord ! quel homme capable de sentiment ne serait pas affligé de quitter une si douce compagne ? mais la conscience, la conscience ! Oh ! c'est une partie bien délicate !- Et il faut que je la quitte !

(Ils sortent.)

SCÈNE III

Une antichambre des appartements de la reine.

Entrent ANNE BOULEN ET UNE VIEILLE DAME.

ANNE.- Ni à ce prix non plus.- Voilà ce qui blesse le coeur: Sa Majesté a vécu si longtemps avec elle et elle est si vertueuse, que jamais une seule voix n'a pu l'accuser.- Sur ma vie, elle n'a jamais su ce que c'est que de faire le mal.- Ô Dieu ! après avoir vu sur le trône tant de soleils achever leur cours, toujours croissant en grandeur et en majesté ! il est dix mille fois plus douloureux de quitter cette gloire, qu'il n'y a de douceur à l'acquérir !.... Après une telle suite d'années la rejeter, c'est une pitié à émouvoir un monstre.

LA VIEILLE DAME.- Aussi les coeurs les plus durs s'attendrissent et déplorent son sort.

ANNE.- O volonté de Dieu ! il vaudrait mieux qu'elle n'eût jamais connu la grandeur. Quoique la grandeur soit temporelle, cependant si dans cette bagarre, la fortune vient à la séparer de celui qui en était revêtu, c'est une angoisse aussi cruelle que la séparation de l'âme et du corps.

LA VIEILLE DAME.- Hélas ! pauvre dame ! la voilà redevenue étrangère.

ANNE.- On doit la plaindre d'autant plus. Je le jure avec vérité, il vaut mieux être né en bas lieu et se trouver au nombre de ceux qui vivent contents dans l'obscurité, que de se voir élevé dans d'éclatantes afflictions, et revêtu d'une tristesse dorée.

LA VIEILLE DAME.- Le contentement est notre plus grand bien.

ANNE.- Sur ma foi et mon honneur[7], je ne voudrais pas être reine.

[Note 7: *Maiden head.*]

LA VIEILLE DAME.- Foin de moi, je voudrais bien l'être, moi, et j'aventurerais bien mon honneur pour cela, et vous en feriez tout autant, malgré ces airs sucrés d'hypocrisie. Vous qui possédez à un très-haut degré les attraits d'une femme, vous avez aussi un coeur de femme; et le coeur d'une femme a toujours été charmé par l'élévation, l'opulence et la souveraineté; et pour dire la vérité, ce sont des choses très-désirables, et quoique vous fassiez la petite bouche, la complaisante capacité de votre conscience, pour peu qu'il vous plaise de l'élargir, se prêterait fort bien à recevoir ce présent.

ANNE.- Non, en vérité.

LA VIEILLE DAME.- Je vous dis que si en vérité, et en vérité.- Vous ne voudriez pas être reine ?

ANNE.- Non, non, pour tous les trésors qui sont sous le ciel.

LA VIEILLE DAME.- Cela est étrange: pour moi, toute vieille que je suis, une pièce de trois sous qui viendrait me faire la révérence suffirait pour me gagner à partager la royauté. Mais dites-moi, je vous prie, et celui de duchesse, qu'en pensez-vous ? Êtes-vous de force à porter le poids d'un pareil titre ?

ANNE.- Non, en vérité.

LA VIEILLE DAME.- En ce cas, vous êtes d'une constitution bien faible. Retranchons encore quelque chose: pour plus que je n'oserais dire, je ne voudrais pas, si j'étais un jeune comte, me trouver dans votre chemin.- Pour ce fardeau, si vous n'avez pas les reins assez forts pour le porter, vous serez trop faible aussi pour faire jamais un garçon.

ANNE.- Que venez-vous donc me conter là ! Je jure une seconde fois que je ne voudrais pas être reine pour le monde entier.

LA VIEILLE DAME.- En vérité, seulement pour la petite île d'Angleterre, vous devriez risquer le paquet; moi je le ferais pour le comté de Carnarvon; oui, quand ce serait la seule dépendance de la couronne. Tenez ! qui vient à nous ?

(Entre le lord chambellan.)

LE CHAMBELLAN.- Bonjour, mesdames: qu'est-ce qu'il en coûterait pour savoir le secret de votre entretien ?

ANNE.- Pas même la peine de le demander, mon bon lord; cela ne vaut pas la question. Nous nous affligions des chagrins de notre maîtresse.

LE CHAMBELLAN.- C'était une généreuse occupation, et bien digne de femmes qui ont un bon coeur. Il faut espérer que tout ira bien.

ANNE.- *Amen*, s'il plaît à Dieu.

LE CHAMBELLAN.- Vous avez une belle âme, et les bénédictions du Ciel suivent les personnes comme vous; et pour vous faire connaître, belle dame, que je dis la vérité, et qu'on fait un grand cas de vos nombreuses vertus, Sa Majesté vous témoigne par moi toute son estime, et ne se propose pas moins que de vous décorer du titre de marquise de Pembroke, et à ce titre il ajoute de sa grâce mille livres de revenu annuel.

ANNE.- Je ne sais pas quel genre de dévouement je pourrais offrir. Tout ce que je suis, et beaucoup plus encore, n'est rien. Mes prières ne sont pas d'une vertu assez sainte, et mes voeux ne sont guère que de vaines paroles, et cependant mes prières et mes voeux sont tout ce que je peux offrir en retour. Je supplie Votre Seigneurie de vouloir bien être l'interprète de ma reconnaissance et de mes soumissions, et de tous les sentiments que peut exprimer à Sa Majesté une fille timide qui prie le Ciel pour ses jours et sa couronne.

LE CHAMBELLAN.- Madame, je ne manquerai pas de confirmer l'opinion avantageuse que le roi a conçue de vous. (*À part.*)- Je l'ai bien considérée: l'honneur et la beauté sont si heureusement assorties en elle qu'elles ont pris le coeur du roi. Et qui sait encore s'il ne pourra pas sortir de cette lady un brillant qui éclaire toute cette île de sa splendeur ? (*Haut.*)- Je vais aller trouver le roi, et lui dire que je vous ai parlé.

ANNE.- Mon très-honorable lord....

(Sort le chambellan.)

LA VIEILLE DAME.- Oui, voilà le monde: voyez, voyez ! J'ai mendié seize ans les faveurs de la cour, et je suis encore une mendiante de cour, et quelque argent que j'aie sollicité, je n'ai jamais pu trouver le joint entre trop tôt et trop tard; et vous, ce que c'est que la destinée ! vous qui êtes tout fraîchement débarquée ici (maudit soit ce bonheur qui vous arrive malgré vous !), on vous remplit la bouche avant que vous l'ayez seulement ouverte.

ANNE.- Cela me paraît bien étrange.

LA VIEILLE DAME.- Quel goût cela a-t-il ? Est-ce bien amer ? Un demi-noble que non.- Il y eut jadis une dame (c'est une vieille histoire) qui ne voulait pas être reine; non, qui ne le voulait pas pour tout le limon d'Egypte.- Avez-vous entendu parler de cela ?

ANNE.- Allons, vous êtes une railleuse.

LA VIEILLE DAME.- Je pourrais, sur votre sujet, m'élever plus haut que l'alouette. Marquise de Pembroke ! mille livres sterling par an ! et cela par pure estime, sans avoir d'ailleurs rien fait pour le mériter ! Oh ! sur ma vie, ce début promet bien d'autres mille livres: la robe de la Fortune a la queue plus longue que le devant.- A présent, je commence à voir que vous aurez assez de reins pour porter une duchesse.- Dites-moi, ne vous sentez-vous pas un peu plus forte que vous n'étiez ?

ANNE.- Ma bonne dame, cherchez dans votre imagination quelque autre sujet qui vous égaye, et laissez-moi de côté: je veux n'avoir jamais existé si cette faveur m'a le moins du monde ému le coeur: je le sens manquer quand je songe aux suites. La reine est sans consolation, et nous nous oublions trop longtemps loin d'elle.- Je vous prie, ne lui parlez pas de ce que vous avez entendu ici.

LA VIEILLE DAME.- Quelle idée avez-vous de moi ?

SCÈNE IV

Une vaste salle dans Black-Friars.

Trompettes, symphonies, cors. Entrent d'abord deux huissiers, portant de courtes baguettes d'argent; suivent DEUX SECRÉTAIRES, *en robe de docteurs; après vient l'archevêque* de *Canterbéry seul; il est suivi des évêques de Lincoln, d'Ely, de Rochester, et de Saint-Asaph. A quelque distance marche un gentilhomme portant la bourse, le grand sceau et un chapeau de cardinal; ensuite deux prêtres portant chacun une croix d'argent; suit le gentilhomme introducteur, tête nue, accompagné d'un sergent d'armes, portant une masse d'argent, ensuite deux gentilshommes portant deux grandes colonnes d'argent; marchent ensuite, l'un à côté de l'autre, les cardinaux* WOLSEY *et* CAMPEGGIO; *deux nobles, portant l'épée et la masse. Entrent ensuite* LE ROI *et* LA REINE, *et leur suite. Le roi prend place sous le dais, les deux cardinaux s'asseyent au-dessous de lui, comme juges. La reine se place à quelque distance du roi, les évêques se rangent sur chacun des côtés, en forme de consistoire; au-dessous d'eux sont les secrétaires. Les lords se placent à la suite des évêques.* LE CRIEUR *et le reste des personnages présents se tiennent debout, selon leur rang, autour de la salle.*

WOLSEY.- Qu'on ordonne le silence, tandis qu'on fera lecture de la commission de la cour de Rome.

LE ROI HENRI.- Qu'avons-nous besoin de cette lecture ? Elle a déjà été faite publiquement; et les deux parties ont également reconnu son autorité; c'est une perte de temps que vous pouvez nous épargner.

WOLSEY.- A la bonne heure. (*Au secrétaire.*) Faites votre office.

LE SECRÉTAIRE, *au crieur.*- Dites à Henri, roi d'Angleterre, de venir à cette cour, etc.

LE CRIEUR.- Henri, roi d'Angleterre, etc.

LE ROI HENRI.- Je suis présent.

LE SECRÉTAIRE.- Dites à Catherine, reine d'Angleterre, de venir à cette cour.

LE CRIEUR.- Catherine, reine d'Angleterre, etc.

(La reine ne fait point de réponse; mais elle se lève de son siége, traverse la cour, va au roi, et, se jetant à ses pieds, elle lui adresse ce discours.)

CATHERINE.- Sire, je vous en conjure, rendez-moi justice, et accordez-moi votre pitié; car je suis une femme bien malheureuse, et une faible étrangère, née hors de votre empire, n'ayant ici aucun juge désintéressé, ni aucune assurance d'une amitié impartiale et d'un jugement équitable. Hélas ! sire, en quoi vous ai-je offensé ? Quel motif de mécontentement a pu vous donner ma conduite, pour que vous procédiez ainsi à me renvoyer, et que vous me retiriez vos bonnes grâces ? Le Ciel m'est témoin que j'ai été pour vous une épouse fidèle et soumise, toujours prête à me conformer à votre volonté, toujours en crainte d'exciter en vous le moindre déplaisir, docile à votre physionomie, triste ou gaie, selon que je vous y voyais enclin. Quand est-il jamais arrivé que j'aie contredit vos désirs, ou que je n'en aie pas fait les miens ? Quel est celui de vos amis que je ne me sois pas efforcée d'aimer, même lorsque je savais qu'il était mon ennemi ? et qui de mes amis a conservé mon affection lorsqu'il s'était attiré votre colère, ou même n'a pas reçu de moi des marques de mon éloignement ? Sire, rappelez à votre souvenir que j'ai été votre femme avec soumission, pendant plus de vingt années, et que le Ciel m'a accordé la joie de vous donner plusieurs enfants. Si, dans tout le cours de cette longue durée d'années, vous pouvez citer et prouver quelque chose qui soit contraire à mon honneur, au lien du mariage, à l'amour et au respect que je dois à votre personne sacrée, au nom de Dieu, renvoyez-moi, et que le mépris le plus ignominieux ferme la porte sur moi, et m'abandonne à la justice la plus sévère. Souffrez que je vous le dise, sire: le roi votre père était renommé pour un des princes les plus prudents, d'un esprit et d'un jugement incomparables; Ferdinand, mon père, roi d'Espagne, passait aussi pour le prince le plus sage qui eût rempli ce trône depuis bien des années: on ne peut révoquer en doute qu'ils aient assemblé autour d'eux, dans chaque royaume, un conseil éclairé, choisi dans chaque royaume, qui a discuté cette affaire, et qui a jugé notre mariage légitime: ainsi je vous conjure humblement, sire, de m'épargner, jusqu'à ce que je puisse envoyer en Espagne consulter mes amis dont je vais implorer les conseils. Si vous le refusez, au nom de Dieu, que votre volonté s'accomplisse !

WOLSEY.- Vous avez devant vous, madame, et de votre choix, ces respectables prélats, des hommes d'un savoir et d'une intégrité rares, l'élite du pays, qui sont assemblés ici pour défendre votre cause. Il est donc sans avantage pour vous de demander la prolongation de ce procès, et je le dis autant pour votre repos que pour rectifier ce qui trouble la conscience du roi.

CAMPEGGIO.- Ce que Sa Grâce vient de vous dire est sage et raisonnable; ainsi, madame, il convient que cette session royale procède de suite, et que, sans aucun délai, les moyens soient produits et entendus.

CATHERINE, *à Wolsey*.- Lord cardinal, c'est à vous que je parle.

WOLSEY.- A vos ordres, madame.

CATHERINE.- Cardinal, je suis prête à pleurer; mais dans l'idée que je suis une reine (ou du moins j'ai rêvé longtemps que je l'étais) et dans la certitude que je suis fille d'un roi, je veux changer mes larmes en traits de flamme.

WOLSEY.- Veuillez être patiente.

CATHERINE.- Je le serai quand vous serez humble; mais non auparavant, ou Dieu me punirait. Je crois, et j'ai de fortes raisons de le croire, que vous êtes mon ennemi, et je réclame ici la loi pour vous récuser; vous ne serez point mon juge; car c'est vous qui avez allumé ces charbons entre mon seigneur et moi. Que la rosée de Dieu puisse les éteindre ! Je le répète de toute la force de mon âme, je vous déteste et récuse[8] pour mon juge, vous qu'encore une fois je regarde comme mon plus cruel ennemi, et que je ne crois nullement ami de la vérité.

[Note 8: C'est la formule de récusation: *Detestor et recuso.*]

WOLSEY.- Je déclare ici que ce discours est indigne de vous, madame, de vous qui jusqu'ici ne vous êtes jamais écartée de la charité, et qui avez toujours montré un caractère plein de douceur et une sagesse supérieure aux facultés d'une femme. Madame, vous me faites injure; je n'ai aucune haine contre vous, aucun sentiment injuste contre vous ni contre personne; tout, ce que j'ai fait jusqu'ici, et tout ce que je ferai dans la suite, a pour garantie une commission émanée du consistoire, de tout le consistoire de Rome. Vous m'accusez d'avoir soufflé les charbons: je le nie. Le roi est présent; s'il sait que mes paroles contredisent ici mes actions, combien il lui est aisé de confondre, et avec bien de la justice, ma fausseté ! Oui, il le peut, aussi bien que vous avez pu accuser ma véracité. S'il est convaincu que je suis innocent de ce que vous m'imputez, il voit également que je ne suis pas à l'abri de votre injustice. Ainsi il dépend de lui d'y apporter remède, et le remède c'est d'éloigner ces pensées de votre esprit; et avant que Sa Majesté se soit expliquée sur ce point, je vous conjure, gracieuse dame, d'abjurer dans votre âme vos paroles et de n'y rien ajouter de pareil.

CATHERINE.- Milord, milord, je suis une simple femme, beaucoup trop faible pour lutter contre tous vos artifices; votre bouche est pleine de douceur et d'humilité; vous étalez l'extérieur humble et doux qui convient à vos fonctions et à votre ministère; mais votre coeur est gonflé d'arrogance, de haine et d'orgueil; votre fortune et les bontés de Sa Majesté vous ont fait agilement franchir les premiers degrés, et aujourd'hui vous voilà monté à une hauteur où le pouvoir est à vos ordres; vos paroles sont à votre service et secondent vos desseins, selon l'emploi qu'il vous plaît de leur imposer. Je dois vous dire que vous êtes beaucoup plus occupé de l'élévation de votre personne, que de la grandeur de vos fonctions spirituelles; je persiste à vous refuser pour mon juge, et ici en présence de vous tous, je fais mon appel au pape; je veux porter ma cause entière devant Sa Sainteté et être jugée par lui.

(Elle fait un salut au roi, et va pour sortir.)

CAMPEGGIO.- La reine est obstinée, rebelle à la justice; prompte à l'accuser, elle dédaigne de se soumettre à sa décision; cette conduite n'est pas louable: elle s'en va.

LE ROI HENRI.- Qu'on la rappelle.

LE CRIEUR.- Catherine, reine d'Angleterre, paraissez devant la cour.

GRIFFITH.- Madame, on vous somme de revenir.

CATHERINE.- Qu'avez-vous besoin d'y faire attention ? Je vous prie, songez à vos affaires, et quand on vous appellera, retournez. Que Dieu veuille me secourir ! Ils me vexent au point de me faire perdre patience.- Je vous prie, avancez; je ne veux point rester. Non, et jamais on ne me reverra une autre fois comparaître dans aucune de leurs cours pour cette affaire.

(Sortent la reine, Griffith et le reste de sa suite.)

LE ROI HENRI.- Fais ce que tu voudras, Catherine.- S'il se trouve un homme dans le monde entier qui ose avancer qu'il possède une meilleure épouse, qu'il ne soit jamais cru en rien pour avoir avancé un mensonge en ce point. Si tes rares qualités, ton aimable douceur, ton angélique et céleste résignation, cet art d'une épouse d'obéir avec dignité, et tes vertus souveraines et religieuses pouvaient parler et te peindre, tu serais toi seule la reine de toutes les reines de la terre. Sa naissance est illustre, et elle s'est toujours conduite à mon égard d'une manière digne de sa haute noblesse.

WOLSEY.- Gracieux souverain, je requiers très-humblement Votre Majesté de vouloir bien déclarer en présence de toute cette assemblée (car il est juste que je sois dégagé au lieu même où j'ai été lié et dépouillé, quoique je n'y reçoive pas une entière satisfaction), si jamais j'ai entamé la proposition de cette affaire à Votre Majesté, ou jeté dans votre chemin quelque scrupule qui pût vous amener à la mettre en question, ou si jamais, autrement qu'avec des actions de grâces à Dieu pour nous avoir donné une telle reine, je vous ai parlé d'elle et dit le moindre mot qui pût porter préjudice à sa grandeur actuelle, ou faire tort à sa vertueuse personne.

LE ROI HENRI.- Milord cardinal, je vous décharge du reproche; oui, sur mon honneur, je vous en absous pleinement. Vous n'avez pas besoin d'être averti que vous avez beaucoup d'ennemis qui ne savent pas pourquoi ils le sont, mais qui, comme les roquets d'un village, aboient lorsqu'ils entendent leurs camarades en faire autant; quelques-uns d'eux auront irrité la reine contre vous. Vous voilà excusé; mais voulez-vous être encore plus amplement justifié ? J'ajouterai que vous avez toujours souhaité qu'on assoupît cette affaire; jamais vous n'avez désiré qu'on l'entreprît; et même souvent, et très-souvent, vous avez opposé des obstacles à ses progrès.- C'est sur mon honneur que je dis ce qui en est de milord cardinal sur cet article, et qu'ainsi je le lave de toute imputation.- À présent, pour ce qui m'a porté à cette démarche, j'oserai vous demander de me donner quelques moments et votre attention. Suivez l'enchaînement des choses: voici comme cela est venu.- Faites bien attention.- D'abord ma conscience a été atteinte d'une alarme, d'un scrupule, d'une syndérèse, sur certains mots prononcés par l'évêque de Bayonne, alors ambassadeur de France, qui avait été envoyé ici pour traiter d'un mariage entre le duc d'Orléans et notre fille Marie. Pendant la négociation de cette affaire, avant que rien fût résolu, il demanda (je parle de l'évêque) un délai pendant lequel il pût avertir le roi son maître de consulter si notre fille était légitime, étant sortie de notre mariage actuel avec une douairière qui avait été l'épouse de notre frère. Ce délai demandé ébranla l'intérieur de ma conscience avec une force capable de la déchirer, et fit trembler toute la région de mon coeur. Cette idée s'ouvrit ainsi une si large route, que, sous ses auspices, une foule de considérations accumulées vint se presser dans mon âme. D'abord je m'imaginai que le Ciel avait cessé de me sourire: il avait ordonné à la nature que le sein de mon épouse, s'il venait à concevoir de moi un enfant mâle, ne lui prêtât pas plus de vie que le tombeau n'en donne aux morts. Ses enfants mâles étaient tous morts là où ils avaient été conçus, ou peu de temps après avoir respiré l'air de ce monde. Il me vint donc en pensée que c'était un jugement de Dieu sur moi, et que mon royaume, qui mérite bien le plus digne héritier de l'univers entier, ne devait pas obtenir de moi une pareille joie. Par une suite toute naturelle, je considérai le danger où j'exposais mes royaumes par ce défaut de lignée, et cette pensée me fit souffrir des transes cruelles. Ainsi ballotté sur la mer orageuse de ma conscience, je dirigeai ma marche vers ce remède dont l'objet nous rassemble ici en ce jour: c'est-à-dire que je voulus éclairer ma conscience que je sentais cruellement malade, et qui n'est pas bien guérie encore, en demandant l'avis de tous les vénérables pères et des savants docteurs de ce pays.- Et d'abord, j'eus une première conférence privée avec vous, milord de Lincoln: vous vous souvenez de quel poids accablant j'étais oppressé lorsque je commençai à vous en faire la première ouverture.

LINCOLN.- Je m'en souviens très-bien, mon souverain.

LE ROI HENRI.- J'ai parlé longtemps.- Veuillez dire vous-même jusqu'à quel point vous avez éclairé mes doutes.

LINCOLN.- Avec le bon plaisir de Votre Majesté, la question me frappa tellement au premier abord, à cause de son extrême importance, et de ses dangereuses conséquences, que je confiai au doute mes plus hardis conseils, et que je pressai Votre Majesté de prendre la marche que vous suivez dans cette cour.

LE ROI HENRI.- Je m'adressai ensuite à vous, milord de Cantorbéry, et j'obtins de vous la permission de faire cette convocation.- Je n'ai laissé aucun des membres respectables de cette cour sans lui demander son avis; et je procédai d'après votre consentement particulier à tous, signé de votre main et scellé de votre sceau. Ainsi, allez en avant; car je n'ai point été poussé à ceci par aucun dégoût contre la personne de la bonne reine, mais par la force poignante des motifs que je viens d'exposer. Prouvez que notre mariage est légitime, et sur notre vie, sur notre dignité royale, nous sommes satisfaits d'achever le reste du cours de notre vie mortelle avec elle, avec Catherine, notre reine, et nous la préférons à la plus parfaite créature choisie entre toutes celles de la terre.

CAMPEGGIO.- Avec la permission de Votre Majesté, la reine étant absente, il est d'une indispensable convenance que nous ajournions cette cour à un autre jour: et dans cet intervalle il faut faire à la reine une sommation pressante de se désister de l'appel qu'elle se propose de faire à Sa Sainteté.

(Les prélats se lèvent pour s'en aller.)

LE ROI HENRI, *à part*.- Il m'est aisé d'apercevoir que ces cardinaux me jouent; j'abhorre ces lenteurs dilatoires et les détours de la politique de Rome. O Cranmer, mon serviteur chéri et plein de lumières, reviens, je t'en conjure. À mesure que tu te rapproches de moi, je le sens, la consolation rentre dans mon âme. (*Haut.*) Rompez l'assemblée: je vous l'ai dit, retirez-vous.

(Ils sortent tous dans l'ordre dans lequel ils sont entrés.)

FIN DU DEUXIÈME ACTE.

ACTE TROISIÈME

SCÈNE I

Le palais de Bridewell.- Une pièce des appartements de la reine.

LA REINE *et quelques-unes des femmes occupées à des ouvrages de leur sexe.*

CATHERINE, *à une de ses femmes.*- Jeune fille, prends ton luth. Mon âme se sent toujours plus accablée de ses ennuis: chante et dissipe-les, si tu peux; quitte ton ouvrage.

CHANT.

/* Orphée avec son luth obligea les arbres Et les cimes des montagnes glacées À s'incliner lorsqu'il chantait. À ses accens, plantes et fleurs Ne cessaient d'éclore. Comme le soleil et les pluies, Il donnait aux lieux qu'il habitait un éternel printemps. Toutes choses, en écoutant ses accords, Les vagues de la mer elles-mêmes, Penchaient leur tête, et s'arrêtaient autour de lui, Tant est grand le pouvoir de la douce musique. Elle tue les soucis; et les chagrins du coeur Expirent, ou s'assoupissent à sa voix. */

(Entre un gentilhomme.)

CATHERINE.- Qu'y a-t-il ?

LE GENTILHOMME.- Sous le bon plaisir de Votre Majesté, les deux vénérables cardinaux attendent dans la salle d'audience.

CATHERINE.- Veulent-ils me parler ?

LE GENTILHOMME.- Ils m'ont chargé de vous l'annoncer, madame.

CATHERINE.- Priez Leurs Grâces d'entrer. (*L'officier sort.*) Quelle affaire peuvent-ils avoir avec moi, pauvre et faible femme, tombée dans la disgrâce ? Maintenant que j'y pense, je n'aime point ces visites de leur part. Ce devraient être des hommes honnêtes: leurs fonctions sont respectables, mais le capuchon ne fait pas le moine.

(Entrent Wolsey et Campeggio.)

WOLSEY.- Que la paix soit avec Votre Majesté !

CATHERINE.- Vos Grâces me trouvent ici faisant la ménagère: je voudrais en être une au risque de tout ce qui peut m'arriver de pis.- Que désirez-vous de moi, mes vénérables seigneurs ?

WOLSEY.- Veuillez, ma noble dame, passer dans votre cabinet particulier, nous vous y exposerons le sujet de notre visite.

CATHERINE.- Dites-le-moi ici. Je n'ai rien fait encore, sur ma conscience, qui m'oblige à rechercher les coins: et je voudrais que toutes les autres femmes pussent en dire autant, d'une âme aussi libre que je le fais ! Milords, je ne crains point (et en cela je suis plus heureuse que bien d'autres) que mes actions soient mises à l'épreuve de toutes les langues, exposées à tous les yeux, que l'envie et la mauvaise opinion des hommes exercent leur force contre elles, tant je suis certaine que ma vie est pure ! Si votre objet est de m'examiner dans ma conduite d'épouse, déclarez-le hardiment. La vérité aime qu'on agisse ouvertement.

WOLSEY.- *Tanta est erga te mentis integritas, regina serenissima....*

CATHERINE.- O mon bon seigneur, pas de latin: je n'ai pas été assez paresseuse, depuis que je suis venue en Angleterre, pour n'avoir pas appris la langue dans laquelle j'ai vécu. Une langue étrangère me rend la manière dont on traite ma cause plus étrange, plus suspecte. De grâce, expliquez-vous en anglais; il y a ici quelques personnes, qui, pour l'amour de leur pauvre maîtresse, vous remercieront si vous dites la vérité: croyez-moi, elle a été bien cruellement traitée ! Lord cardinal, le péché le plus volontaire que j'aie jamais commis peut s'absoudre en anglais.

WOLSEY.- Noble dame, je suis fâché que mon intégrité et mon zèle pour servir Sa Majesté et vous fassent naître en vous de si graves soupçons, quand ils devraient produire la confiance. Nous ne venons point en accusateurs entacher cet honneur que bénit la bouche de tous les gens de bien, ni vous attirer traîtreusement aucun chagrin; vous n'en avez que trop, vertueuse dame ! Mais nous venons savoir à quelles dispositions votre âme s'est arrêtés dans l'importante question qui s'est élevée entre vous et le roi, vous donner, en hommes honnêtes et libres de tout intérêt, notre opinion sincère, et les moyens consolants qui peuvent appuyer votre cause.

CAMPEGGIO.- Ma très-honorée dame, milord d'York, suivant son noble caractère, et guidé par le zèle et le respect qu'il a toujours portés à Votre Grâce, oubliant, en homme de bien, la censure qui vous est dernièrement échappée contre sa personne et sa véracité, et que vraiment vous avez poussée trop loin, vous offre ainsi que moi, en signe de paix, ses services et ses conseils.

CATHERINE, à *part*.- Pour me trahir !- (*Haut.*) Milords, je vous rends grâces à tous deux de votre bonne volonté. Vous parlez comme des hommes de bien; je prie Dieu que vous le soyez en effet. Mais en vérité je ne sais comment, avec le peu d'esprit que je possède, donner sur-le-champ, à des hommes de votre savoir et de votre gravité, une réponse sur un point de cette importance, et qui intéresse de si près mon honneur (et peut-être, je le crains, encore plus ma vie). J'étais à travailler avec mes filles, et je ne songeais guère, Dieu le sait, ni à une pareille visite ni à une pareille affaire. Au nom de ce que j'ai été (car je sens déjà la dernière crise de ma grandeur), mes bons seigneurs, laissez-moi du temps et le loisir de me procurer des avis, pour défendre ma cause: hélas ! je suis une femme, sans amis, sans espoir.

WOLSEY.- Madame, vous outragez par ces frayeurs la tendresse du roi: vous avez beaucoup d'espérances et beaucoup d'amis.

CATHERINE.- Ce que j'en ai en Angleterre m'est de bien peu d'avantage. Pouvez-vous penser, milords, qu'aucun Anglais ose me donner conseil ? ou s'il s'en trouvait quelqu'un qui fût assez insensé pour me servir loyalement, pensez-vous, lorsqu'on saurait qu'il me soutient contre la volonté de Sa Majesté, qu'il vécût longtemps sous sa domination ? Non, non, mes amis, ceux qui doivent par leurs conseils écarter mes afflictions, ceux à qui doit s'attacher ma confiance, ne vivent point ici; ils sont, ainsi que toutes mes autres consolations, loin d'ici, dans mon pays, milords.

CAMPEGGIO.- Je voudrais que Votre Majesté voulût faire trêve à ses chagrins et accepter mon conseil.

CATHERINE.- Quel conseil, milord ?

CAMPEGGIO.- Remettez votre cause à la protection et à la bonté du roi. Il vous aime, il est généreux: votre honneur et votre cause y gagneraient beaucoup; car si vous la perdez devant la loi, vous vous séparez de lui disgraciée.

WOLSEY.- Le cardinal vous parle avec sagesse.

CATHERINE.- Vous m'apprenez ce que vous souhaitez tous deux, ma ruine. Est-ce là votre conseil chrétien ?- Loin de moi, tous deux ! Le ciel est encore au-dessus de tout. Là siége un juge qu'aucun roi ne peut corrompre.

CAMPEGGIO.- Votre colère vous trompe sur nos intentions.

CATHERINE.- La honte en est à vous. Je vous ai pris pour deux saints personnages; oui, sur mon âme, deux vertus cardinales; mais vous êtes, je le crains bien, des péchés cardinaux, et des coeurs faux. Par l'honneur ! amendez-vous, milords.- Sont-ce là vos consolations, le cordial que vous apportez à une malheureuse femme, à une femme sans secours au milieu de vous, raillée, outragée ? Je ne vous souhaiterai pas la moitié de mes misères: j'ai plus de charité: mais souvenez-vous que je vous ai avertis: prenez garde, au nom du ciel, prenez garde qu'enfin le poids de mes chagrins ne retombe tout à la fois sur vous.

WOLSEY.- Madame, c'est un vrai délire. Vous tournez à mal le bien que nous vous offrons.

CATHERINE.- Et vous, vous me réduisez à rien. Malheur sur vous, et sur tous les hypocrites tels que vous ! Voudriez-vous (si vous aviez quelque sentiment de justice, quelque pitié, si vous étiez autre chose que des habits d'hommes d'église), voudriez-vous que je remisse ma faible cause entre les mains de celui qui me hait ? Hélas ! il m'a déjà bannie de son lit, et il y avait longtemps qu'il m'avait bannie de son coeur. Je suis vieille, milords, et ne suis plus sa compagne que pour l'obéissance ? Que puis-je craindre de pis qu'un état si misérable ? Étudiez-vous donc à me faire un malheur qui l'égale.

CAMPEGGIO.- Vos craintes vont plus loin.

CATHERINE.- Ai-je donc (laissez-moi parler pour moi, puisque la vertu ne trouve point d'ami), ai-je vécu si longtemps son épouse, son épouse fidèle, et j'ose le dire sans vaine gloire, exempt du plus léger soupçon ! ai-je toujours accueilli le roi d'un coeur plein de tendresse ! l'ai-je, après le ciel, aimé plus que tout au monde ! lui ai-je obéi sans réserve ! ai-je porté pour lui la tendresse jusqu'à la superstition, oubliant presque mes prières pour le soin de lui complaire ! et cela pour m'en voir ainsi récompensée ? Cela n'est pas bien, milords. Trouvez-moi une femme toujours constante dans l'affection de son époux, une femme qui n'ait jamais eu, même en songe, un plaisir qui ne fût pas le sien, et au mérite de cette femme, lorsqu'elle aura fait tout ce qui est possible, j'ajouterai encore une vertu.... une extrême patience.

WOLSEY.- Madame, vous vous écartez du but avantageux que nous vous proposons.

CATHERINE.- Milord, je n'ose me rendre coupable du crime d'abandonner volontairement le noble titre auquel m'a unie votre maître; la mort seule pourra me séparer de ma dignité.

WOLSEY.- Je vous prie, écoutez-moi.

CATHERINE.- Plût au ciel que mes pas n'eussent jamais foulé cette terre anglaise, que je n'eusse jamais éprouvé les flatteries qui y voient le jour ! Vous avez des visages d'anges; mais le ciel connaît vos coeurs. Que vais-je maintenant devenir, infortunée que je suis ? Je suis la femme la plus malheureuse qu'il y ait au monde. *(A ses femmes.)* Hélas ! mes pauvres amies, quel est votre sort maintenant, naufragées sur un royaume où je ne trouve ni pitié, ni ami, ni espoir, aucun parent qui pleure sur moi, où l'on m'accorde à peine un tombeau, où, comme la tige du lis, qui fleurissait jadis reine de la prairie, je vais pencher la tête et mourir ?

WOLSEY.- Si Votre Grâce voulait seulement se laisser persuader que nos vues sont honnêtes, vous trouveriez plus de consolation. Pourquoi voudrions-nous, vertueuse dame, vous faire tort dans cette affaire ? à quelle fin ? Hélas ! nos places et le caractère de notre état, tout repousse cette idée. Nous sommes destinés à guérir de tels chagrins et non à les faire naître. Au nom de la vertu, considérez ce que vous faites; combien vous vous nuisez à vous-même et vous exposez à vous voir séparée tout à fait du roi par cette conduite. Le coeur des rois caresse l'obéissance tant ils en sont amoureux ! mais ils se soulèvent contre les esprits opiniâtres et se montrent terribles comme la tempête. Je sais que vous avez un doux et noble caractère, une âme égale comme le calme; je vous en conjure, daignez nous croire ce que nous faisons profession d'être, des médiateurs de paix, vos amis et vos serviteurs.

CAMPEGGIO.- Madame, vous l'éprouverez. Vous faites tort à vos vertus par ces craintes d'une faible femme. Une âme noble, telle que vous a été donnée la vôtre, rejette toujours loin d'elle de pareilles défiances, comme une monnaie trompeuse. Le roi vous aime; prenez bien garde de perdre cet avantage. Quant à nous, s'il vous plaît de vous confier à nos soins dans cette affaire, nous sommes prêts à déployer tous nos efforts pour votre service.

CATHERINE.- Faites ce que vous jugerez à propos, milords, et je vous en supplie, pardonnez-moi si je ne me suis pas conduite comme je l'aurais dû. Vous le savez, je suis une femme dépourvue de l'esprit nécessaire pour faire une réponse convenable à des hommes tels que vous. Je vous prie, portez mes hommages à Sa Majesté, il a encore mon coeur, et il aura mes prières, tant que ma vie m'appartiendra. Venez, vénérables prélats, gratifiez-moi de vos avis, elle vous les demande aujourd'hui celle qui ne songeait guère, lorsqu'elle mit les pieds dans cette cour, qu'elle dût un jour payer si cher ses grandeurs !

(Ils sortent.)

SCÈNE II

Une antichambre de l'appartement du roi.

Entrent LE DUC DE NORFOLK, LE DUC DE SUFFOLK, LE COMTE DE SURREY ET LE LORD CHAMBELLAN.

NORFOLK.- Si vous voulez maintenant unir vos plaintes, et les presser avec constance, il est impossible que le cardinal y résiste; mais si vous négligez l'occasion que vous offrent les circonstances, je ne réponds pas que vous ne subissiez de nouvelles disgrâces, ajoutées à celles qui vous oppriment déjà.

SURREY.- J'accueille avec joie la plus légère occasion que je puisse rencontrer de me venger de lui, en mémoire du duc, mon beau-père[9].

[Note 9: Shakspeare a fait dans cette scène un double emploi du même personnage. Le duc de Surrey, gendre du duc de Buckingham, était à cette époque duc de Norfolk. Son père, le duc de Norfolk, que l'on voit paraître au commencement de la pièce, était mort en 1525, quatre ans avant la chute du cardinal.]

SUFFOLK.- Quel est celui des pairs qui ait échappé à ses affronts, ou du moins à la plus étrange négligence ? Quand a-t-il respecté en personne, si ce n'est en lui-même, le caractère de la dignité ?

LE CHAMBELLAN.- Milords, vous parlez à votre gré; ce qu'il mérite de vous et de moi, je le sais; mais que nous puissions faire quelque chose contre lui, quoique ce moment-ci nous en offre l'occasion, j'en doute beaucoup. Si vous ne pouvez pas lui fermer l'accès auprès du roi, ne tentez jamais de l'attaquer; car il y a, dans sa langue, un charme infernal qui maîtrise le roi.

NORFOLK.- Oh ! cessez de le craindre, son charme est détruit. Le roi a trouvé contre lui des faits qui ont gâté pour jamais le miel de son langage. Non, il est enfoncé dans la disgrâce de manière à ne s'en relever jamais.

SURREY.- Duc, ce serait une joie pour moi d'entendre le récit de ces nouvelles une fois par heure !

NORFOLK.- Croyez-moi, elles sont certaines. Ses doubles intrigues, dans l'affaire du divorce, sont découvertes; et il s'y montre sous l'aspect que je pourrais souhaiter à mon ennemi.

SURREY.- Et comment ses pratiques sont-elles parvenues à la lumière ?

SUFFOLK.- De la manière la plus étrange.

SURREY.- Oh ! comment, comment ?

SUFFOLK.- La lettre que le cardinal écrivait au pape s'est égarée; elle est venue sous les yeux du roi, qui y a lu comment le cardinal persuadait à Sa Sainteté de suspendre le jugement du divorce. «S'il avait lieu, disait-il, je m'aperçois que mon roi a le coeur pris d'amour pour une créature de la reine, lady Anne Boulen.»

SURREY.- Le roi a lu cela ?

SUFFOLK.- Vous pouvez en être sûr.

SURREY.- Cela fera-t-il son effet ?

LE CHAMBELLAN.- Le roi voit par quelle marche couverte et ondoyante il se dirige vers son but particulier; mais, dans ce point, toutes ses mesures ont échoué, et il apporte le remède après la mort du malade. Le roi a déjà épousé cette belle.

SURREY.- Je voudrais bien que cela fût vrai.

SUFFOLK.- Puisse, milord, l'accomplissement de ce souhait faire votre bonheur; car je puis vous assurer que la chose est ainsi.

SURREY.- Oh ! que toute ma joie accompagne cette union !

SUFFOLK.- Je lui dis *amen*.

NORFOLK.- Tout le monde en fait autant.

SUFFOLK.- Les ordres sont donnés pour son couronnement; mais cette nouvelle est bien jeune encore, et il n'est pas besoin de la raconter à toutes les oreilles.- Mais en vérité, milords, c'est une charmante créature, et parfaite d'âme et de figure. Je me persuade que le Ciel, par son moyen, fera tomber sur ce pays quelque bienfait dont il célébrera la mémoire.

SURREY.- Mais le roi digérera-t-il la lettre du cardinal ? Le Ciel nous en préserve !

SUFFOLK.- Je dis encore *amen*. Non, non, d'autres guêpes qui bourdonnent encore devant son visage ne lui feront que mieux sentir la piqûre de celle-ci. Le cardinal Campeggio est reparti furtivement pour Rome: il n'a pris congé de personne; il a laissé l'affaire du roi toute démanchée, et il s'est mis en route comme agent de notre cardinal pour appuyer toute son intrigue. Je sais certainement qu'à cette nouvelle le roi a crié, ah !

LE CHAMBELLAN.- Dieu veuille l'irriter de plus en plus, et lui faire crier, ah ! encore plus fort.

NORFOLK.- Mais, milord, quand revient Cranmer ?

SUFFOLK.- Il est de retour, dans les mêmes opinions qui, ainsi que celles de presque tous les collèges célèbres de la chrétienté, ont tranquillisé le roi sur son divorce. Je crois que ce second mariage ne tardera pas à être déclaré, et que le couronnement suivra de près. Catherine n'aura plus le titre de reine, mais celui de princesse douairière, veuve du prince Arthur.

NORFOLK.- Ce Cranmer est un digne homme, et il s'est donné beaucoup de peine dans l'affaire du roi.

SUFFOLK.- Beaucoup: aussi, pour sa récompense, nous le verrons archevêque.

NORFOLK.- C'est ce que j'ai ouï dire.

SUFFOLK.- Oui, n'en doutez pas. Le cardinal....

(Entre Wolsey et Cromwell.)

NORFOLK, *aux autres lords*.- Observez-le, observez-le: il a de l'humeur.

WOLSEY. Le paquet, Cromwell, l'avez-vous donné au roi ?

CROMWELL.- Remis entre ses mains, dans sa chambre à coucher.

WOLSEY.- A-t-il jeté les yeux sur ce qu'il contenait ?

CROMWELL.- Il l'a ouvert sur-le-champ; et le premier papier qui s'est trouvé sous sa main, il l'a lu de l'air le plus sérieux: l'attention était peinte dans toute sa contenance, et il m'a chargé de vous dire de l'attendre ici ce matin.

WOLSEY.- Est-il prêt à sortir.

CROMWELL.- Je crois qu'il va sortir dans l'instant.

WOLSEY.- Laisse-moi un moment. (*Cromwell sort.*) Ce sera la duchesse d'Alençon, la soeur du roi de France: il faut qu'il l'épouse.- Anne Boulen ? non, je ne veux point d'Anne Boulen pour lui. Il y a ici quelque chose de plus qu'un beau visage. Boulen ! non, point de Boulen.- Je voudrais bien recevoir promptement des nouvelles de Rome.- La marquise de Pembroke !

NORFOLK.- Il est mécontent.

SUFFOLK.- Peut-être sait-il que le roi aiguise sa vengeance contre lui.

SURREY.- Qu'elle s'aiguise assez, mon Dieu, pour faire justice !

WOLSEY.- Une fille d'honneur de la dernière reine, la fille d'un chevalier, être la maîtresse de sa maîtresse, la reine de la reine !- Cette chandelle n'éclaire pas bien; il faut la moucher, et en même temps nous l'éteindrons.- Que m'importe qu'elle soit vertueuse et pleine de mérite ? Je la connais aussi pour une luthérienne acharnée, et il ne serait pas salutaire pour nos intérêts qu'elle reposât sur le sein de notre roi, déjà difficile à gouverner. Et voilà encore un hérétique, un archi-hérétique qui s'élève, Cranmer, un homme qui s'est insinué dans la faveur du roi, et qui est aujourd'hui son oracle.

NORFOLK.- Quelque idée le tourmente.

SURREY.- Je voudrais que ce fût une idée qui fût capable d'user la fibre, la maîtresse corde de son coeur.

(Entrent le roi, lisant un papier, et Lovel.)

SUFFOLK.- Le roi, le roi.

LE ROI HENRI.- Quel amas de richesses il a accumulées pour son lot ! Et quels flots de dépense semblent s'écouler continuellement à chaque heure de ses mains ! Par la fortune ! comment a-t-il pu amasser tout cela ? Ah ! c'est vous, milords. Avez-vous vu le cardinal ?

NORFOLK.- Seigneur, nous étions là à l'observer: il y a quelque étrange commotion dans son cerveau; il mord ses lèvres, tressaille; puis il s'arrête tout à coup, regarde la terre, et ensuite porte son doigt à son front. Un moment après il se met à marcher précipitamment, puis s'arrête encore, se frappe violemment le sein, et aussitôt adresse ses regards à la lune: nous l'avons vu prendre les postures les plus étranges.

LE ROI HENRI.- Cela pourrait être: il y a du trouble dans son âme.- Ce matin il m'a envoyé des papiers d'État que je lui avais demandés à lire. Et savez-vous ce que j'y ai trouvé ? Sur ma conscience, c'est bien par inadvertance qu'il l'y avait mis. J'y ai trouvé un état qui contenait le détail de son argenterie, de son trésor, des riches étoffes et ameublements de sa maison; et je trouve que cela monte à un excès de faste qui passe de beaucoup les bornes de la fortune d'un sujet[10].

[Note 10: Cette aventure des papiers livrés au roi par mégarde est une pure invention du poëte qui a transporté au cardinal Wolsey ce qui arriva à l'évêque de Durham, à l'égard de ce même cardinal Wolsey. Thomas Ruthall, évêque de Durham, membre du conseil privé de Henri VIII, fut chargé par ce prince de lui établir un compte rendu de l'état du royaume. L'évêque ayant fait ce travail, fit relier le volume qui le contenait de la même manière qu'un autre volume où il avait exposé très en détail le compte de sa propre fortune. Le roi lui ayant fait demander le compte dont il l'avait chargé, le cardinal l'envoya chercher dans sa bibliothèque par son secrétaire qui se trompa, et donna l'un pour l'autre: le cardinal, aussitôt qu'il se fut aperçu de la méprise, porta le livre au roi, lui insinuant que, lorsqu'il aurait besoin d'argent, il avait un trésor tout trouvé dans les coffres de l'évêque. Celui-ci, apprenant ce qui lui était arrivé, en conçut un tel chagrin qu'il mourut peu de temps après.

Le poëte a encore enchéri sur ce fait, et ajouté dans le paquet remis au roi par inadvertance, une lettre de Wolsey au pape.]

NORFOLK.- C'est un coup du ciel: quelque esprit aura mis ce papier dans le paquet pour vous faire la grâce de le placer sous vos yeux.

LE ROI HENRI.- Si nous pouvions croire que ses méditations s'élèvent au-dessus de la terre et sont fixées sur quelque objet spirituel, je le laisserais plongé dans ses rêveries; mais j'ai bien peur que ses pensées ne rampent bien au-dessous du firmament, et qu'elles ne méritent pas une contemplation aussi sérieuse.

(Il s'assied, et parle bas à Lovel, qui va ensuite aborder Wolsey.)

WOLSEY.- Que le Ciel me pardonne.- (*Il s'avance vers le roi.*) Que Dieu favorise Votre Majesté !

LE ROI HENRI.- Mon bon lord, vous êtes plein des choses du ciel, et c'est dans votre âme que réside l'inventaire de vos plus grands trésors. C'étaient eux sans doute que vous étiez là occupé à passer en revue: à peine pouvez-vous prendre sur vos soins spirituels un moment de loisir pour tenir vos comptes temporels. Sûrement dans ceux ci, je vous crois un assez mauvais économe, et je suis bien aise que vous me ressembliez sur ce point.

WOLSEY.- Sire, j'ai distribué mon temps de la sorte; une partie pour les saints offices de mon ministère, une autre pour vaquer à la part que j'ai dans les affaires de l'État: la nature réclame aussi ses heures pour sa conservation; et moi, son faible enfant, comme les mortels mes frères, je suis forcé de me prêter à ses besoins.

LE ROI HENRI.- Vous avez parlé à merveille.

WOLSEY.- Et je souhaite que Votre Majesté, comme j'espère lui en donner occasion, fasse toujours marcher pour moi le bien faire avec le bien dire.

LE ROI HENRI.- C'est encore bien dit; et c'est en effet une sorte de bonne action que de bien dire. Cependant les paroles ne sont pas les actions. Mon père vous aimait, il me disait qu'il vous aimait, et il confirmait sa parole par ses actions en votre faveur. Depuis que je possède ma dignité, je vous ai tenu tout près de mon coeur: je ne me suis pas contente de vous placer dans les emplois dont vous pouviez retirer de grands profits, mais j'ai même pris sur mes revenus actuels pour verser sur vous mes bienfaits.

WOLSEY, *à part*.- Où peut tendre ce discours ?

SURREY, *à part*.- Dieu fasse prospérer ce début.

LE ROI HENRI.- N'ai-je pas fait de vous le premier homme de l'État ? Je vous prie, dites-moi, si ce que j'avance ici vous paraît vrai, et, si vous en convenez, dites-moi alors si vous devez m'être attaché ou non. Que répondez-vous ?

WOLSEY.- Mon souverain, je confesse que vos grâces royales,

répandues sur moi chaque jour, ont été au delà de ce que j'en pouvais payer par mes efforts les plus assidus; cela aurait surpassé les forces de l'homme. Mes efforts, quoique toujours restés bien au-dessous de mes désirs, ont égalé toute l'étendue de mes facultés. Je n'ai de vues personnelles que celles qui peuvent tendre au bien de votre auguste personne, et à l'avantage de l'État. Quant aux grandes faveurs que vous avez accumulées sur moi, pauvre indigne que je suis, je ne puis vous rendre en retour que d'humbles actions de grâces, et mes prières au ciel pour vous, et ma loyale fidélité, qui a toujours augmenté et qui ne fera que croître de jour en jour, jusqu'à ce que l'hiver de la mort vienne la glacer.

LE ROI HENRI.- Très-bien répondu. C'est par là que s'illustre un sujet loyal et soumis; l'honneur de son attachement en est la récompense, comme l'infamie, s'il le trahit, en est la punition. Je présume que comme ma main s'est libéralement ouverte pour vous, que mon coeur vous a prodigué son affection, que ma puissance a fait pleuvoir les honneurs sur votre tête, plus que sur aucun autre de mes sujets, en retour vos mains, votre coeur, votre intelligence, et toutes les facultés de votre âme, devraient, indépendamment du devoir d'un sujet, m'appartenir à moi, votre ami, par un sentiment particulier, plus qu'à un autre.

WOLSEY.- Je proteste ici que j'ai toujours travaillé pour les intérêts de Votre Majesté, beaucoup plus que pour les miens; voilà ce que je suis, ce que j'ai été et ce que je serai, quand tous les autres briseraient les liens du devoir qui les attachent à vous, et qu'ils le rejetteraient de leur coeur; quand les dangers m'environneraient, aussi nombreux que la pensée peut les imaginer, et m'apparaîtraient sous les formes les plus effrayantes; alors, de même qu'un rocher affronte la fureur des flots, mon devoir briserait les vagues de ce courant furieux, et conserverait inébranlable mon attachement pour vous.

LE ROI HENRI.- C'est parler avec noblesse.- Retenez bien, milords, qu'il a un coeur loyal: vous venez de le voir s'ouvrir devant vous.- (*Remettant, à Wolsey les papiers qu'il tenait dans sa main.*) Lisez ceci, et ensuite ceci: puis vous irez déjeuner avec tout ce qu'il vous restera d'appétit.

(Le roi sort, en lançant un regard de courroux sur le cardinal.- Les lords se pressent sur ses pas et le suivent, en se parlant tout bas et en souriant.)

WOLSEY.- Que signifie ceci ? d'où vient ce courroux inattendu ? Comment me le suis-je attiré ? Il m'a quitté avec un regard menaçant, comme si ma ruine s'élançait de ses yeux. Tel est le regard que lance le lion furieux sur le chasseur téméraire qui l'a irrité, puis il l'anéantit.- Il faut que je lise ce papier qui m'apprendra, je le crains bien, le sujet de sa colère.- Oh ! c'est cela, ce papier m'a perdu !- Voilà l'état de tout cet amas de richesses que j'ai amoncelées pour mes vues, pour gagner la papauté, et pour soudoyer mes amis dans Rome. O négligence qui n'était permise qu'à un imbécile ! Quel démon ennemi m'a fait mêler cet important secret au paquet que j'envoyais au roi ?- N'y a-t-il donc point de remède à cette imprudence ? Nul expédient nouveau pour lui retirer cette pensée de la tête ? Je vois bien qu'elle l'émeut violemment.- Cependant je sais un moyen qui, bien employé, peut, en dépit de la fortune, me tirer encore d'affaire.- Quel est cet autre papier ?- *(Il lit l'adresse.) Au pape.* Quoi ! sur ma vie, la lettre que j'adressais à Sa Sainteté, et où je lui faisais part de toute l'affaire ! Puisqu'il en est ainsi, adieu. J'ai atteint le faîte de mes grandeurs, et, de ce plein midi de ma gloire, je me précipite maintenant vers mon déclin: je tomberai, comme une brillante exhalaison du soir, et personne ne me reverra plus.

(Rentrent les ducs de Norfolk et de Suffolk, le comte de Surrey et le lord chambellan.)

NORFOLK.- Cardinal, écoutez les ordres du roi; il vous commande de remettre sur-le-champ dans nos mains le grand sceau, et de vous retirer dans le château d'Esher, appartenant à l'évêché de Winchester, jusqu'à ce que Sa Majesté vous fasse savoir ses intentions.

WOLSEY.- Un instant: où est votre commission, milords ? Des paroles ne peuvent avoir une si grande autorité.

SUFFOLK.- Qui osera les contredire, lorsqu'elles portent la volonté expresse du roi émanée de sa propre bouche.

WOLSEY.- Jusqu'à ce qu'on me montre quelque chose de plus que vos paroles, et la volonté que vous avez de satisfaire votre haine, sachez, lords officieux, que j'ose et dois m'y refuser. Je vois maintenant de quel ignoble élément vous êtes pétris, c'est l'envie. Avec quelle ardeur vous poursuivez ma disgrâce, comme pour vous en repaître ! Comme on vous trouve coulants et faciles sur tout ce qui peut amener ma ruine ! Suivez le cours de vos envieux projets, hommes de malice; le christianisme vous y autorise, et nul doute que vous ne receviez en son temps une juste récompense. Ce sceau que vous me redemandez avec tant de violence, le roi, mon maître et le vôtre, me l'a donné de sa propre main; il m'a ordonné d'en jouir, ainsi que de la place et des honneurs qui y sont attachés, pendant la durée de ma vie, et pour m'assurer la possession de ses bontés, il les a confirmées par des lettres patentes. Maintenant qui me les ôtera ?

SURREY.- Le roi qui vous les a données.

WOLSEY.- Il faut donc que ce soit lui-même.

SURREY.- Prêtre, tu es un traître bien orgueilleux.

WOLSEY.- Orgueilleux lord, tu mens. Il n'y a pas quarante heures encore, que Surrey aurait moins tremblé de brûler sa langue, que de me parler ainsi.

SURREY.- Vice écarlate, c'est ton ambition qui a enlevé de cette terre gémissante le noble Buckingham, mon beau-père; les têtes de tous tes confrères cardinaux avec la tienne, attachées ensemble, et tout ce que tu as de meilleur, ne valaient pas un cheveu de la sienne. Malédiction sur votre politique ! Vous m'avez envoyé vivre en Irlande, loin des lieux où j'aurais pu venir à son secours, loin du roi, loin de tous ceux qui pouvaient obtenir sa grâce du crime que tu lui as imputé; tandis que votre grande bonté par une pieuse compassion se hâtait de l'absoudre avec la hache.

WOLSEY.- Ma réponse à ce reproche et à tout ce que ce lord babillard peut inventer contre ma réputation, c'est que rien n'est plus faux. La loi a rendu au duc la justice qu'il méritait. Son noble jury, et la noirceur de son crime témoignent assez combien, dans l'affaire qui lui a coûté la vie, j'étais innocent de toute haine particulière contre lui. Si j'aimais les longs discours, lord, je vous dirais que vous avez aussi peu d'honnêteté que d'honneur, et qu'en fait de loyauté et de fidélité envers le roi, toujours mon royal maître, j'oserais défier un homme plus solide que ne peuvent l'être et Surrey et tous ceux qui partagent ses folies.

SURREY.- Par mon âme ! prêtre, votre longue robe vous protège: sans quoi vous sentiriez le fer de mon épée dans la source de votre vie.- Milords, pouvez-vous endurer tant d'arrogance ? et de la part d'un tel homme ? Si nous nous conduisons avec cette molle faiblesse, et que nous nous laissions surmener par un manteau d'écarlate, adieu la noblesse; en ce cas, que Sa Grâce poursuive, et nous fasse de son chapeau rouge un épouvantail comme pour les alouettes.

WOLSEY.- Toute bonté devient poison pour toi.

SURREY.- Oui, la bonté qui glane et amasse dans vos mains toutes les richesses du royaume en un seul monceau, par d'odieuses extorsions, la bonté qui vous fait écrire au pape contre le roi cette lettre interceptée dans votre paquet, votre bonté, puisque vous me provoquez, sera mise dans tout son jour.- Milord de Norfolk, si vous êtes vraiment noble, si vous aimez le bien public, les prérogatives de notre noblesse méprisée, et de nos enfants, qui, s'ils vivent, se verront à peine de simples gentilshommes, produisez à la lumière la somme énorme de ses péchés, le recueil des articles de sa vie.- Je veux vous faire trembler plus que la cloche du saint sacrement lorsqu'elle vient à passer tandis que votre brune maîtresse est dans vos bras à vous caresser, lord cardinal.

WOLSEY.- Combien, à ce qu'il me semble, je pourrais mépriser cet homme, si je n'étais retenu par le devoir de la charité !

NORFOLK.- Ce recueil, milord, est dans les mains du roi: ce que nous en savons, c'est qu'il est bien odieux.

WOLSEY.- Mon innocence n'en sortira que plus pure et plus éclatante lorsque le roi connaîtra ma fidélité.

SURREY.- Cela ne vous sauvera pas.... Ah ! grâce à ma mémoire, je me rappelle encore quelques-uns des articles et ils seront produits. Maintenant si vous êtes capable de rougir et de vous dire coupable, cardinal, vous nous montrerez du moins quelque reste d'honnêteté.

WOLSEY.- Dites, monsieur: j'ose braver toutes vos imputations. Si je rougis, c'est de voir un noble choquer toutes les bienséances.

SURREY.- Il vaut mieux manquer de politesse et conserver sa tête.- Répondez à cette attaque. D'abord sans le consentement et à l'insu du roi, vous êtes parvenu à vous faire nommer légat, et vous avez abusé de ce pouvoir, pour mutiler la juridiction de tous les évêques.

NORFOLK.- Ensuite, dans toutes les lettres que vous avez écrites à Rome et aux princes étrangers, vous employez toujours cette formule: *ego et rex meus*, en sorte que vous représentiez le roi comme votre serviteur.

SUFFOLK.- Ensuite, à l'insu du roi et du conseil, lorsque vous êtes allé en qualité d'ambassadeur vers l'empereur, vous avez eu l'audace de porter en Flandre le grand sceau.

SURREY.- *Item*. Vous avez envoyé d'amples pouvoirs à Grégoire de Cassalis pour conclure, sans l'aveu du roi, ou l'autorisation de l'État, une ligue entre Sa Majesté et Ferrare.

SUFFOLK.- Par pure ambition, vous avez fait frapper l'empreinte de votre chapeau de cardinal sur la monnaie du roi.

SURREY.- Vous avez fait passer à Rome des sommes innombrables (quant à savoir comment vous les avez acquises, c'est un soin que je laisse à votre conscience), pour soudoyer Rome, et vous aplanir les chemins aux dignités, à la ruine entière du royaume. Il y a bien d'autres faits encore dont je ne souillerai pas ma bouche, parce qu'ils sont relatifs à vous et odieux.

LE CHAMBELLAN.- Ah ! milord, ne poussez pas trop durement un homme qui tombe; c'est vertu de l'épargner. Ses fautes sont soumises aux lois, que ce soit elles et non pas vous qui le punissent. Mon coeur gémit de le voir réduit à si peu de chose, de si grand qu'il était.

SURREY.- Je lui pardonne.

SUFFOLK.- Lord cardinal, comme tous les actes que vous avez faits dernièrement dans ce royaume, en vertu des pouvoirs de légat, se trouvent dans le cas d'un *præmunire*, l'intention du roi est encore qu'on sollicite contre vous un acte qui confisque tous vos biens, vos terres, vos domaines, vos châteaux, tout ce qui vous appartient, et vous mette hors de la protection du roi. Telle est ma charge.

NORFOLK.- Et, sur ce, nous vous laissons à vos méditations sur les moyens de vivre mieux à l'avenir. Quant à votre refus obstiné de nous remettre le grand sceau, le roi en sera instruit, et sans doute il vous en remerciera; et ainsi, adieu, mon bon petit lord cardinal.

(Ils sortent tous, excepté Wolsey.)

WOLSEY, *seul*.- Et ainsi, adieu à la petite bonne volonté que vous me portez: adieu, long adieu à toutes mes grandeurs ! Voilà la destinée de l'homme: aujourd'hui pointent en lui les tendres feuilles de l'espérance; demain les fleurs, dont les touffes épaisses le couvrent de leur parure rougissante: le troisième matin survient une gelée, une gelée meurtrière, qui, au moment où dans sa simple bonhomie il croit ses grandeurs en pleine marche vers la maturité, le dessèche jusqu'à la racine; alors il tombe comme je le fais.- Comme ces enfants étourdis qui nagent soutenus sur des vessies enflées, je me suis aventuré, pendant une longue suite d'étés, sur un océan de gloire, j'ai été trop loin. A la fin, mon orgueil, gonflé outre mesure, s'est dérobé sous moi, et il me laisse maintenant, fatigué et vieilli dans les travaux, à la merci d'un courant impétueux qui va m'engloutir pour jamais, vaine pompe et gloire de ce monde, je vous hais ! Je sens mon coeur nouvellement ouvert. Oh ! qu'il est misérable le pauvre malheureux qui dépend de la faveur des rois ! Entre ce sourire auquel nous aspirons, ce doux regard d'un monarque et le coup dont ils nous précipitent, il y a plus de transes et d'angoisses que n'en cause la guerre et que n'en éprouvent les femmes; et lorsqu'il tombe, il tombe comme Lucifer pour ne plus espérer jamais. (*Cromwell entre d'un air consterné.*) Eh bien,

Cromwell, qu'y a-t-il ?

CROMWELL.- Je n'ai pas la force de parler, milord.

WOLSEY.- Quoi ! confondu à la vue de mes infortunes ? Ton courage doit-il donc s'étonner de la chute d'un homme puissant ? Ah ! si vous pleurez, je suis déchu en effet.

CROMWELL.- Comment se trouve Votre Grâce ?

WOLSEY.- Moi ? bien. Jamais je n'ai été si véritablement heureux, mon bon Cromwell. Je me connais à présent moi-même, et je sens au dedans de moi une paix au-dessus de toutes les dignités terrestres, une conscience calme et tranquille. Le roi m'a guéri: j'en remercie humblement Sa Majesté; il a, par pitié, ôté de dessus ces épaules, colonnes ruinées, un poids capable de faire submerger une flotte, ma trop grande élévation. Oh ! c'est un fardeau, Cromwell, un fardeau trop pesant pour un homme qui espère le ciel !

CROMWELL.- Je suis bien aise de voir que Votre Grâce ait fait un si bon usage de tout ceci.

WOLSEY.- J'espère que j'en ai fait bon usage. Je pourrais maintenant, ce me semble, au courage que je sens dans mon âme, supporter plus de misères encore, et de beaucoup plus grandes misères que le lâche coeur de mes ennemis ne peut oser m'en faire subir.- Quelles nouvelles dans le monde ?

CROMWELL.- La plus importante et la plus fâcheuse, c'est votre disgrâce auprès du roi.

WOLSEY.- Dieu le conserve !

CROMWELL.- La seconde, c'est que sir Thomas More est choisi lord chancelier à votre place.

WOLSEY.- Cela est un peu précipité.- Mais c'est un homme instruit. Puisse-t-il jouir longtemps de la faveur de Sa Majesté, et rendre la justice pour l'honneur de la vérité et le repos de sa conscience, afin que, lorsqu'il aura terminé sa course et qu'il s'endormira dans le sein des félicités, ses cendres soient honorées d'un monument des larmes des orphelins ! Que dit-on encore ?

CROMWELL.- Que Cranmer est de retour; il a été très-bien reçu, et il est installé lord archevêque de Cantorbéry.

WOLSEY.- Voilà des nouvelles en effet !

CROMWELL.- La dernière, c'est que lady Anne, que le roi a depuis longtemps épousée en secret, a été vue aujourd'hui publiquement avec tous les honneurs de reine, et l'on ne parle à présent que de son couronnement prochain.

WOLSEY.- C'est là le poids qui a précipité ma chute. Oh ! Cromwell ! le roi m'a entièrement abandonné: en cette femme seule est allée se perdre toute ma gloire: le soleil n'annoncera plus ma puissance, et ne dorera plus de sa lumière la noble foule qui s'empressait pour attendre mes sourires.- Va, quitte-moi, Cromwell; je ne suis plus qu'un pauvre disgracié, et indigne à présent d'être ton protecteur et ton maître. Va trouver le roi (je prie le ciel que cet astre ne s'éclipse jamais !), je lui ai dit qui tu es, et combien tu es fidèle; il t'avancera. Un reste de souvenir de moi l'engagera (je connais son généreux naturel) à ne pas laisser périr aussi tes services si pleins d'espérances. Bon Cromwell, ne le néglige point: tires-en parti et pourvois à ta sûreté à venir.

CROMWELL.- Ah ! milord, faut-il donc que je vous quitte ? Faut-il que j'abandonne un si bon, si généreux et si noble maître ? Soyez témoins, vous tous qui n'avez pas un coeur de fer, avec quelle douleur Cromwell se sépare de son maître. Le roi aura mes services; mais mes prières seront à jamais, oui, à jamais pour vous.

WOLSEY.- Cromwell, je ne croyais pas que tous mes malheurs pussent m'arracher une larme; mais tu m'as forcé, par ton honnête fidélité, à sentir la faiblesse d'une femme. Essuyons nos yeux; et écoute encore ceci, Cromwell: lorsque je serai oublié, comme je vais l'être, et qu'endormi sous un marbre froid et insensible, il ne sera plus mention de moi dans ce monde, dis que je t'ai donné une utile leçon; dis que Wolsey, qui marcha jadis dans les sentiers brillants de la gloire, qui sonda toutes les profondeurs, tous les écueils des dignités, t'a découvert, dans son naufrage, un chemin pour t'élever, une route sûre et infaillible, quoiqu'il l'ait manquée pour lui-même. Remarque seulement ma chute, et ce qui a causé ma ruine. Cromwell, je te le recommande, repousse loin de toi l'ambition. C'est par ce péché que tombèrent les anges; comment donc l'homme, image de son Créateur, peut-il espérer de prospérer par elle ? Sois le dernier dans ta propre affection: chéris les coeurs qui te haïssent. La corruption ne profite pas plus que l'honnêteté. Porte toujours la paix dans ta main droite pour faire taire les langues envieuses: sois juste, et ne crains rien. N'aie pour but dans toutes tes actions, que ton pays, ton Dieu et la vérité. Et alors si tu tombes, ô Cromwell, tu tomberas en bienheureux martyr. Sers le roi; et je t'en prie, rentre avec moi: viens faire un inventaire de tout ce que je possède jusqu'à la dernière obole; tout cela est au roi: ma robe et la pureté de ma foi sont maintenant tout ce que j'ose dire à moi. O Cromwell, Cromwell, si j'avais servi mon Dieu seulement avec la moitié autant de zèle que j'ai servi mon roi, il ne m'aurait pas, dans ma vieillesse, exposé nu à la fureur de mes ennemis !

CROMWELL.- Mon bon seigneur, ayez patience.

WOLSEY.- J'en ai aussi. Adieu, espérances de cour: mes espérances habitent dans le ciel.

(Ils sortent.)

FIN DU TROISIÈME ACTE.

ACTE QUATRIÈME

SCÈNE I

Une rue du quartier de Westminster.

DEUX BOURGEOIS *entrent chacun de leur côté.*

PREMIER BOURGEOIS.- Je suis bien aise de vous rencontrer encore ici.

SECOND BOURGEOIS.- Et je m'en félicite aussi.

PREMIER BOURGEOIS.- Vous venez pour prendre votre place et voir passer lady Anne au retour de son couronnement ?

SECOND BOURGEOIS.- C'est là tout mon objet. A notre dernière entrevue, c'était le duc de Buckingham qui revenait de son jugement.

PREMIER BOURGEOIS.- Cela est vrai; mais alors c'était un jour de deuil: aujourd'hui c'est un jour d'allégresse publique.

SECOND BOURGEOIS.- Oui, les citoyens de Londres, je n'en doute pas, auront déployé toute l'étendue de leur attachement pour leurs rois. Pourvu que leurs droits soient respectés, ils s'empressent toujours de célébrer un pareil jour par des spectacles, de pompeuses décorations, et autres démonstrations de respect.

PREMIER BOURGEOIS.- Jamais on n'en vit de si brillantes, et jamais, je peux vous assurer, de mieux placées.

SECOND BOURGEOIS.- Oserai-je vous demander ce que contient ce papier que vous tenez là ?

PREMIER BOURGEOIS.- Oui; c'est la liste de ceux qui font valoir les privilèges de leurs charges en ce jour, d'après le cérémonial du couronnement. Le duc de Suffolk est à la tête, et réclame les fonctions de grand maître de la maison du roi; ensuite le duc de Norfolk, qui prétend à celles de grand maréchal: vous pouvez lire les autres.

(Il lui offre la liste.)

SECOND BOURGEOIS, *le remerciant*.- Je vous rends grâces; si je n'étais pas au fait de ces cérémonies, votre liste m'aurait été fort utile. Mais dites-moi, de grâce, que devient Catherine, la princesse douairière ? Comment vont ses affaires ?

PREMIER BOURGEOIS.- Je peux vous l'apprendre. L'archevêque de

Cantorbéry, accompagné de plusieurs savants et vénérables prélats de son rang, a tenu dernièrement une cour à Dunstable, à six milles d'Ampthill, où était la princesse; elle fut citée plusieurs fois à cette cour, mais elle n'y comparut point: bref, pour défaut de comparution et par suite des scrupules qu'avait dernièrement conçus le roi, le divorce entre elle et lui a été prononcé sur l'avis de la plus grande partie de ces savants personnages, et ce premier mariage déclaré nul. Depuis le jugement, elle a été transférée à Kimbolton où elle est actuellement, et malade.

SECOND BOURGEOIS.- Hélas ! vertueuse dame ! *(Fanfares.)*- Mais j'entends les trompettes. Serrons-nous: la reine va passer.

ORDRE DU CORTÈGE.

1° Deux juges.

2° Le lord chancelier, devant lequel on porte la bourse et la masse.

3° Un choeur de chanteurs.

4° Le maire de Londres, portant la masse. Ensuite le héraut Garter, vêtu de sa cotte d'armes, et portant sur sa tête une couronne de cuivre doré.

5° Le marquis de Dorset, portant un sceptre d'or, et sur sa tête une demi-couronne d'or. Avec lui marche le comte de Surrey, portant la baguette d'argent avec la colombe, et couronné d'une couronne de comte, avec les colliers de l'ordre des chevaliers.

6° Le duc de Suffolk, dans sa robe de cérémonie, sa couronne ducale sur la tête, et une longue baguette blanche à la main, en qualité de grand maître. Avec lui marche de front le duc de Norfolk, avec la baguette de grand maréchal, et la couronne ducale sur la tête, et les colliers de l'ordre des chevaliers.

7° Ensuite paraît un dais porté par quatre des barons des cinq ports. Sous ce dais marche la reine, parée des ornements de la royauté, la couronne sur la tête, et les cheveux ornés de perles précieuses. A ses côtés, sont les évêques de Londres et de Winchester.

8° La vieille duchesse de Norfolk, avec une petite couronne d'or, travaillée en fleurs, conduisant le cortège de la reine.

9° Différentes dames et comtesses, avec de simples petits cercles d'or sans fleurs.

SECOND BOURGEOIS.- Un cortège vraiment royal, sur ma parole !- Je connais ceux-ci.- Mais quel est celui qui porte le sceptre ?

PREMIER BOURGEOIS.- Le marquis de Dorset; et l'autre, le comte de Surrey avec la baguette d'argent.

SECOND BOURGEOIS.- Un brave et hardi gentilhomme.- Celui-là doit être le duc de Suffolk ?

PREMIER BOURGEOIS.- C'est lui-même: le grand maître.

SECOND BOURGEOIS.- Et celui-ci milord de Norfolk ?

PREMIER BOURGEOIS.- Oui.

SECOND BOURGEOIS.- Que Dieu te comble de ses bénédictions ! Tu as la plus aimable figure que j'aie jamais vue.- Sur mon âme, c'est un ange. Notre roi peut se vanter de posséder tous les trésors de l'Inde, et bien plus encore quand il embrasse cette dame: je ne puis blâmer sa conscience.

PREMIER BOURGEOIS.- Ceux qui portent le dais d'honneur au-dessus d'elle sont quatre barons des cinq ports.

SECOND BOURGEOIS.- Ils sont bien heureux, ainsi que tous ceux qui sont près d'elle.- J'imagine que celle qui conduit le cortège est cette noble dame, la vieille duchesse de Norfolk ?

PREMIER BOURGEOIS.- C'est elle: et toutes les autres sont des comtesses.

SECOND BOURGEOIS.- Leurs petites couronnes l'annoncent.- Ce

sont des étoiles et quelquefois des étoiles tombantes.

PREMIER BOURGEOIS.- Laissons cela. *(La procession disparaît au son d'une bruyante fanfare.- Entre un troisième bourgeois.)* Dieu vous garde, monsieur; où vous êtes-vous fourré ?

TROISIÈME BOURGEOIS.- Parmi la foule, dans l'abbaye; on n'y aurait pas glissé un doigt de plus: je suis suffoqué des épaisses exhalaisons de leur joie.

SECOND BOURGEOIS.- Vous avez donc vu la cérémonie ?

TROISIÈME BOURGEOIS.- Oui, je l'ai vue.

PREMIER BOURGEOIS.- Comment était-elle ?

TROISIÈME BOURGEOIS.- Très-digne d'être vue.

SECOND BOURGEOIS.- Racontez-la nous, mon cher monsieur.

TROISIÈME BOURGEOIS.- Je le ferai de mon mieux. Ces flots brillants de seigneurs et de dames ayant conduit la reine au siége qui lui était préparé se sont ensuite écartés à quelque distance d'elle; la reine est demeurée assise pour se reposer une demi-heure environ, sur un riche et magnifique trône, offrant toutes les grâces de sa personne aux libres regards du peuple. Oh ! croyez-moi, c'est la plus belle femme qui soit jamais entrée dans le lit d'un homme ! Lorsqu'elle a paru ainsi en plein aux regards du public, il s'est élevé un bruit tel que celui des cordages à la mer par une violente tempête, tout aussi fort, et composé d'autant de tons divers: les chapeaux, les manteaux, et, je crois, les habits aussi ont volé en l'air; et si leurs visages n'avaient pas tenu, ils les auraient aussi perdus aujourd'hui. Jamais je n'ai vu tant d'allégresse. Des femmes grosses, et qui n'en ont pas pour la moitié d'une semaine, comme les béliers dont les anciens se servaient à la guerre, frappaient la foule de leur ventre et faisaient tout chanceler devant elles; pas un homme n'eût pu dire: celle-ci est ma femme; tant on était étrangement agencé les uns avec les autres comme un seul morceau.

SECOND BOURGEOIS.- Mais, je vous prie, que s'est-il passé ensuite ?

TROISIÈME BOURGEOIS.- À la fin, Sa Grâce s'est levée, et d'un pas modeste elle s'est avancée vers l'autel; là elle s'est mise à genoux, et, comme une sainte, elle a levé ses beaux yeux vers le ciel, et a prié dévotement. Ensuite elle s'est relevée et a fait une inclination au peuple. C'est alors qu'elle a reçu de l'archevêque de Cantorbéry tous les signes qui consacrent une reine, comme l'huile sainte, la couronne d'Édouard le Confesseur, la baguette et l'oiseau de paix, et tous les autres attributs noblement déposés sur elle: les cérémonies achevées, le choeur, composé des plus célèbres musiciens du royaume, a chanté le *Te Deum*. Alors elle est sortie de l'église, et elle est revenue dans la même pompe à York-place, où se donne la fête.

PREMIER BOURGEOIS.- Vous ne devez plus nommer ce palais York-place, depuis la chute du cardinal il a perdu ce nom; il appartient au roi, et s'appelle désormais White-Hall.

TROISIÈME BOURGEOIS.- Je le sais: mais le changement est si nouveau que l'ancien nom est encore tout frais dans ma mémoire.

SECOND BOURGEOIS.- Quels étaient les deux vénérables évêques qui marchaient à côté de la reine ?

TROISIÈME BOURGEOIS.- Stokesly et Gardiner: celui-ci évêque de Winchester (siége où il a été tout récemment élevé, de secrétaire du roi qu'il était): l'autre évêque de Londres.

SECOND BOURGEOIS.- Celui de Winchester ne passe pas pour être trop ami de l'archevêque, du vertueux Cranmer.

TROISIÈME BOURGEOIS.- Tout le monde sait cela: cependant la brouillerie n'est pas considérable: et si elle s'envenimait, Cranmer trouverait un ami qui ne l'abandonnerait pas au besoin.

SECOND BOURGEOIS.- Qui, s'il vous plaît ?

TROISIÈME BOURGEOIS.- Thomas Cromwell. Un homme

singulièrement estimé du roi, et vraiment un digne et fidèle ami. Le roi l'a fait grand maître des joyaux de la couronne, et il est déjà membre du conseil privé.

SECOND BOURGEOIS.- Son mérite le mènera plus loin encore.

TROISIÈME BOURGEOIS.- Oh ! sûrement; cela n'est pas douteux.- Allons, messieurs, venez avec moi; je vais au palais, et vous y serez mes hôtes. J'y ai quelque crédit; et, chemin faisant, je vous raconterai d'autres détails.

PREMIER ET SECOND BOURGEOIS *ensemble*.- Nous sommes à vos ordres, monsieur.

(Ils sortent.)

SCÈNE II

A Kimbolton.

Entre CATHERINE *reine douairière, malade et soutenue par* GRIFFITH ET PATIENCE.

GRIFFITH.- Comment se trouve Sa Grâce ?

CATHERINE.- O Griffith, malade à mort ! Mes jambes, comme des branches surchargées, ploient vers la terre, pressées de déposer leur fardeau. Avancez un siége.- Comme cela. A présent, il me semble que je me sens un peu plus à mon aise.- Ne m'as-tu pas dit, Griffith, en me conduisant, que ce puissant fils de la fortune, le cardinal Wolsey, était mort ?

GRIFFITH.- Oui, madame. Mais je crois que Votre Grâce souffre trop en ce moment pour m'écouter.

CATHERINE.- Je t'en prie, bon Griffith, raconte-moi comment il est mort. S'il a fait une bonne fin, il m'a heureusement précédée pour me servir d'exemple.

GRIFFITH.- Le bruit public est qu'il a fait une bonne fin, madame.- Car lorsque le grand comte de Northumberland l'eut arrêté à York, et voulut l'amener pour être interrogé comme un homme violemment prévenu, il tomba malade subitement, et son mal devint si violent qu'il ne pouvait rester assis sur sa mule.

CATHERINE.- Hélas, le pauvre homme !

GRIFFITH.- Enfin, à petites journées il arriva à Leicester, et logea dans l'abbaye, où le révérend père abbé avec tous ses religieux le reçut honorablement. Le cardinal lui adressa ces paroles: *O père abbé, un vieillard brisé par les orages de la cour vient déposer parmi vous ses membres fatigués: accordez-lui par charité un peu de terre.* Il se mit au lit, où sa maladie fit des progrès si violents que, la troisième nuit après son arrivée, vers huit heures, qu'il avait prédit lui-même devoir être sa dernière heure, plein de repentir, plongé dans de continuelles méditations, au milieu des larmes et des soupirs, il rendit au monde ses dignités, au ciel son âme bienheureuse, et s'endormit dans la paix.

CATHERINE.- Qu'il y repose doucement, et que ses fautes lui soient légères !- Cependant permets-moi, Griffith, de dire ce que j'en pense, et pourtant sans blesser la charité.- C'était un homme d'un orgueil sans bornes, toujours voulant marcher l'égal des princes; un homme qui, par son despotisme, a enchaîné tout le royaume. La simonie lui paraissait légitime, sa propre opinion était sa loi, il vous niait en face la vérité, et fut toujours double dans ses paroles comme dans ses desseins. Jamais il ne montrait de pitié que lorsqu'il méditait votre ruine; ses promesses étaient ce qu'il était alors, riches et puissantes; mais l'exécution était ce qu'il est aujourd'hui, néant. Il usait mal de son corps et donnait au clergé un mauvais exemple.

GRIFFITH.- Ma noble dame, le mal que font les hommes vit sur l'airain; nous traçons leurs vertus sur l'onde. Votre Altesse me permettrait-elle de dire à mon tour le bien qu'il y avait en lui ?

CATHERINE.- Oui, cher Griffith. Autrement je serais méchante.

GRIFFITH.- Ce cardinal, quoique issu d'une humble tige, fut cependant incontestablement formé pour parvenir aux grandes dignités. A peine sorti du berceau, c'était déjà un savant mûr et judicieux. Il était singulièrement éclairé, d'une éloquence persuasive. Hautain et dur pour ceux qui ne l'aimaient pas, mais doux comme l'été à ceux qui le recherchaient. Et s'il ne pouvait se rassasier d'acquérir des richesses (ce qui fut un péché), en revanche, madame, il était, à les répandre, d'une générosité de prince. Portez éternellement témoignage pour lui, vous deux, fils jumeaux de la science, qu'il a élevée on vous, Ipswich et Oxford, dont l'un est tombé avec lui ne voulant pas survivre au bienfaiteur à qui il devait sa naissance, et l'autre, quoique imparfait encore, est cependant déjà si célèbre, si excellent dans la science, et si rapide dans ses progrès continuels, que la chrétienté ne cessera d'en proclamer le mérite.- Sa ruine lui a amassé des trésors de bonheur, car ce n'est qu'alors qu'il s'est senti et connu lui-même, et qu'il a compris combien étaient heureux les petits; et pour couronner sa vieillesse d'une gloire plus grande que celle que les hommes peuvent donner, il est mort dans la crainte de Dieu.

CATHERINE.- Après ma mort, je ne veux pas d'autre héraut, d'autre narrateur des actions de ma vie, pour garantir mon honneur de la calomnie, qu'un historien aussi honnête que Griffith. Celui que j'avais le plus haï vivant, tu as su, par ta religieuse candeur et par ta modération, me le faire honorer dans sa cendre. Que la paix soit avec lui !- Patience, tiens-toi près de moi.- Place-moi plus bas: je n'ai pas encore longtemps à te fatiguer.- Bon Griffith, dis aux musiciens de me jouer cet air mélancolique que j'ai nommé ma cloche funèbre, tandis qu'assise ici, je méditerai sur l'harmonie des célestes concerts, où je vais bientôt me rendre.

(On joue une musique lente et mélancolique.)

GRIFFITH.- Elle s'est endormie. Bonne fille, asseyons-nous et restons tranquilles, de crainte de la réveiller.- Doucement, chère Patience.

UNE VISION.

On voit entrer en procession l'un après l'autre, et d'un pas léger, six personnages vêtus de robes blanches, portant sur leur tête des guirlandes de lauriers, des masques d'or sur leurs visages, avec des branches de laurier ou de palmier dans les mains. D'abord ils s'approchent de la reine et la saluent, ensuite ils dansent. Et, dans certaines figures, les deux premiers tiennent une guirlande suspendue sur sa tête, pendant que les quatre autres lui font de respectueux saluts. Ensuite les deux premiers, qui tenaient la guirlande, la passent aux deux qui les suivent, et qui commencent la même cérémonie: enfin la guirlande passe aux deux derniers, qui répètent la chose. Et alors on voit la reine, comme dans une inspiration, donner dans son sommeil plusieurs signes de joie, et lever ses mains vers le ciel. Ensuite les esprits disparaissent en dansant et emportant la guirlande avec eux. La musique continue.

LA REINE, *en s'éveillant*.- Esprits de paix, où êtes-vous ? Êtes-vous tous évanouis, et me délaissez-vous ici dans cette vie de misères ?

GRIFFITH.- Madame, nous sommes ici.

CATHERINE.- Ce n'est pas vous que j'appelle. N'avez-vous vu entrer personne depuis que je me suis assoupie ?

GRIFFITH.- Personne, madame.

CATHERINE.- Non ? Quoi ! vous n'avez pas vu, dans l'instant même, une troupe d'esprits célestes m'inviter à un banquet ? Leurs faces, brillantes comme le soleil, jetaient sur moi mille rayons. Ils m'ont promis le bonheur éternel, et m'ont présenté des couronnes, que je ne me sens pas digne encore de porter, Griffith, mais je le deviendrai; oui, assurément.

GRIFFITH.- Je me réjouis beaucoup, madame, de voir votre imagination remplie de songes si agréables.

CATHERINE.- Dis à la musique de cesser: ses sons me deviennent fatigants et pénibles.

(La musique cesse.)

PATIENCE, *à Griffith*.- Remarquez-vous comme Sa Grâce a changé tout à coup; comme sa figure s'est allongée; comme elle est devenue pâle et froide comme la terre ? Regardez ses yeux.

GRIFFITH.- Elle s'en va, ma fille: prions, prions.

PATIENCE.- Que le ciel l'assiste !

(Entre un messager.)

LE MESSAGER.- Sous le bon plaisir de Votre Grâce....

CATHERINE.- Vous êtes bien insolent. Ne méritons nous pas plus de respect[11] ?

[Note 11: Il avait négligé de mettre le genou en terre, selon l'usage, en abordant les rois et reines d'Angleterre.]

GRIFFITH.- Vous êtes blâmable, sachant qu'elle ne veut rien perdre de son ancienne grandeur, de lui manquer d'égards à ce point. Allez vous mettre à genoux.

LE MESSAGER.- J'implore humblement le pardon de Votre Altesse; c'est l'empressement qui m'a fait manquer au respect. Un gentilhomme, venant de la part du roi pour vous voir, est là qui attend.

CATHERINE.- Faites-le entrer, Griffith: mais, pour cet homme, que je ne le revoie jamais. (*Griffith sort avec le messager, et rentre avec Capucius.*) Si la faiblesse de ma vue ne me trompe pas, vous devez être l'ambassadeur de l'empereur, mon royal neveu, et votre nom est Capucius ?

CAPUCIUS.- Lui-même, madame, et votre serviteur.

CATHERINE.- Ah ! seigneur, les temps et les titres sont étrangement changés pour moi, depuis que vous m'avez connue pour la première fois ! Mais, je vous prie, que désirez-vous de moi ?

CAPUCIUS.- Noble dame, d'abord de rendre mes devoirs à Votre Grâce; ensuite, le roi a désiré que je vinsse vous voir: il est sensiblement affligé de l'affaiblissement de votre santé; il me charge de vous porter ses royales assurances d'attachement, et vous prie instamment de ne pas vous laisser abattre.

CATHERINE.- O mon bon seigneur ! ces consolations viennent trop tard; c'est comme la grâce après l'exécution. Ce doux remède, s'il m'eût été donné à temps, m'eût guérie; mais à présent je suis hors de la puissance de toute consolation, si ce n'est celle des prières.- Comment se porte Sa Majesté ?

CAPUCIUS.- Bien, madame.

CATHERINE.- Puisse-t-il continuer de même... et régner florissant, lorsque j'habiterai avec les vers, et que mon pauvre nom sera banni du royaume !- Patience, cette lettre que je vous avais chargée d'écrire est-elle envoyée ?

PATIENCE.- Non, madame.

(Patience remet la lettre à Catherine.)

CATHERINE.- Monsieur, je vous prie humblement de remettre cette lettre au roi, mon seigneur.

CAPUCIUS.- Très-volontiers, madame.

CATHERINE.- J'y recommande à sa bonté l'image de nos chastes amours, sa jeune fille. Que la rosée du ciel tombe sur elle, abondante en bénédiction ! Je le prie de lui donner une vertueuse éducation. Elle est jeune, et d'un caractère noble et modeste: j'espère qu'elle saura bien mériter; je lui demande de l'aimer un peu en considération de sa mère, qui l'a aimé, lui, le ciel sait avec quelle tendresse ! Ensuite ma seconde et humble prière est que Sa Majesté prenne quelque pitié de mes femmes désolées, qui ont si longtemps et si fidèlement suivi mes fortunes diverses: il n'y en a pas une seule parmi elles, je puis le déclarer (et je ne voudrais pas mentir à cet instant), qui par sa vertu et par la beauté de son âme, par l'honneur et la décence de sa conduite, ne puisse prétendre à un bon et honnête mari, fût-ce un noble; et sûrement ceux qui les auront pour épouses seront des maris heureux.- Ma dernière prière est pour mes domestiques.- Ils sont bien pauvres; mais la pauvreté n'a pu les détacher de moi.- Qu'ils aient leurs gages exactement payés, et quelque chose de plus pour se souvenir de moi. S'il avait plu au ciel de m'accorder une plus longue vie et quelques moyens de les récompenser, nous ne nous serions pas séparés ainsi.- Mon bon seigneur, au nom de ce que vous aimez le mieux dans ce monde, et si vous désirez chrétiennement le repos des âmes trépassées, soyez l'ami de ces pauvres gens, et pressez le roi de me rendre cette dernière justice.

CAPUCIUS.- Par le ciel, je le ferai, ou puisse-je n'être plus considéré comme un homme !

CATHERINE.- Je vous remercie, honnête seigneur. Rappelez-moi en toute humilité à Sa Majesté; dites-lui que ses longs déplaisirs vont s'éloigner de ce monde. Dites-lui que je l'ai béni à l'instant de ma mort, car je le ferai.- Mes yeux s'obscurcissent... Adieu, seigneur.- Griffith, adieu.- Non, pas à vous, Patience, vous ne devez pas me quitter encore.- Conduisez-moi à mon lit.- Appelez d'autres femmes.- Quand je serai morte, chère fille, ayez soin que je sois traitée avec honneur; couvrez-moi de fleurs virginales, afin que l'univers sache que je fus une chaste épouse jusqu'à mon tombeau: qu'on m'y dépose après m'avoir embaumée. Quoique dépouillée du titre de reine, cependant qu'on m'enterre comme une reine et la fille d'un roi. Je n'en peux plus...

(Ils sortent tous conduisant Catherine.)

FIN DU QUATRIÈME ACTE.

ACTE CINQUIÈME

SCÈNE I

Une galerie du palais.

GARDINER, *évêque de Winchester, paraît précédé d'un* PAGE *qui porte un flambeau. Il est rencontré par* SIR THOMAS LOVEL.

GARDINER.- Il est une heure, page; n'est-ce pas ?

LE PAGE.- Elle vient de sonner.

GARDINER.- Ces heures appartiennent à nos besoins et non à nos plaisirs. C'est le temps de réparer la nature par un repos rafraîchissant, et il n'est pas fait pour qu'on le perde à des inutilités.- Ah ! bonne nuit, sir Thomas. Où allez-vous si tard ?

LOVEL.- Venez-vous de chez le roi, milord ?

GARDINER.- Oui, sir Thomas, et je l'ai laissé jouant à la prime avec le duc de Suffolk.

LOVEL.- Il faut que je me rende aussi auprès de lui, avant son coucher. Je prends congé de vous.

GARDINER.- Pas encore, sir Thomas Lovel. De quoi s'agit-il ? Vous paraissez bien pressé ? S'il n'y a rien là qui vous déplaise trop fort, dites à votre ami un mot de l'affaire qui vous tient éveillé si tard. Les affaires qui se promènent la nuit (comme on dit que font les esprits) ont quelque chose de plus inquiétant que celles qui se dépêchent à la clarté du jour.

LOVEL.- Milord, je vous aime et j'ose confier à votre oreille un secret beaucoup plus important que l'affaire qui m'occupe en ce moment. La reine est en travail, et, à ce que l'on dit, dans un extrême danger: on craint qu'elle ne meure en accouchant.

GARDINER.- Je fais des voeux sincères pour le fruit qu'elle va mettre au monde: puisse-t-il vivre et avoir d'heureux jours ! mais pour l'arbre, sir Thomas, je voudrais qu'il fût déjà mangé des vers.

LOVEL.- Je crois que je pourrais bien vous répondre *amen*. Et cependant ma conscience me dit que c'est une bonne créature, et qu'une jolie femme mérite de nous des voeux plus favorables.

GARDINER.- Ah ! monsieur, monsieur !..- Écoutez-moi, sir Thomas. Vous êtes dans nos principes; je vous connais pour un homme sage et religieux: permettez-moi de vous dire que jamais cela n'ira bien.... Cela n'ira jamais bien, sir Thomas Lovel, retenez cela de moi, que Cranmer, Cromwell, les deux bras de cette femme, et elle, ne soient endormis dans leurs tombeaux.

LOVEL.- Savez-vous que vous parlez là des deux plus éminents personnages du royaume ? Car Cromwell, outre la charge de grand maître des joyaux de la couronne, vient d'être fait garde des rôles de la chancellerie et secrétaire du roi, il est sur le chemin, et dans l'attente encore de plus grandes dignités que le temps accumulera sur sa tête. L'archevêque est la main et l'organe du roi. Qui osera proférer une syllabe contre lui ?

GARDINER.- Oui, oui, sir Thomas, il s'en trouvera qui l'oseront; et moi-même, je me suis hasardé à déclarer ce que je pense de lui; aujourd'hui même, je puis vous le dire, je crois être parvenu à échauffer les lords du conseil. Je sais, et ils le savent aussi, que c'est un archi-hérétique, une peste qui infecte le pays, et ils se sont déterminés à en parler au roi, qui a si bien prêté l'oreille à notre plainte que, daignant prendre en considération dans sa royale prévoyance, les affreux périls que nous avons mis devant ses yeux, il a donné ordre qu'il fût cité demain matin devant le conseil assemblé. C'est une plante venimeuse, sir Thomas, et il faut que nous la déracinions. Mais je vous retiens trop longtemps loin de vos affaires. Bonne nuit, sir Thomas.

LOVEL.- Mille bonnes nuits, milord ! Je reste votre serviteur.

(Sortent Gardiner et son page.)

(Lovel va pour sortir, le roi entre avec le duc de Suffolk.)

LE ROI HENRI.- - Charles, je ne joue plus cette nuit: mon esprit n'est point au jeu, vous êtes trop fort pour moi.

SUFFOLK.- Sire, jamais je ne vous ai gagné avant ce soir.

LE ROI HENRI.- Ou fort peu, Charles, et vous ne me gagnerez pas quand mon attention sera à mon jeu.- Eh bien, Lovel, quelles nouvelles de la reine ?

LOVEL.- Je n'ai pu lui remettre moi-même le message dont vous m'avez chargé: mais je me suis acquitté de votre message par une de ses femmes, qui m'a rapporté les remercîments de la reine, dans les termes les plus humbles; elle demande ardemment à Votre Majesté de prier pour elle.

LE ROI HENRI.- Que dis-tu ? Ah ! de prier pour elle ? Quoi, est-elle dans les douleurs ?

LOVEL.- Sa dame d'honneur me l'a dit, et m'a ajouté qu'elle souffrait tellement, que chaque douleur était presque une mort.

LE ROI HENRI.- Hélas, chère femme !

SUFFOLK.- Que Dieu la délivre heureusement de son fardeau et par un travail facile, pour gratifier Votre Majesté du présent d'un héritier !

LE ROI HENRI.- Il est minuit: Charles, va chercher ton lit, je te prie; et dans tes prières souviens-toi de l'état de la pauvre reine. Laisse-moi seul, car cette pensée qui va m'occuper n'aimerait pas la compagnie.

SUFFOLK.- Je souhaite à Votre Majesté une bonne nuit, et je n'oublierai pas ma bonne maîtresse dans mes prières.

LE ROI HENRI.- Bonne nuit, Charles. *(Suffolk sort. Entre sir Antoine Denny.)* Eh bien, que voulez-vous ?

DENNY.- Sire, j'ai amené milord archevêque, comme vous me l'avez commandé.

LE ROI HENRI.- Ah ! de Cantorbéry ?

DENNY.- Oui, mon bon seigneur.

LE ROI HENRI.- Cela est vrai.- Où est-il, Denny ?

DENNY.- Il attend les ordres de Votre Majesté.

LE ROI HENRI.- Va: qu'il vienne.

(Denny sort.)

LOVEL, *à part*.- Il s'agit sûrement de l'affaire dont l'évêque m'a parlé: je suis venu ici fort à propos.

(Rentre Denny avec Cranmer.)

LE ROI HENRI.- Videz la galerie. (*A Lovel qui a l'air de vouloir rester*.) Eh bien, ne vous l'ai-je pas dit ? Allons, sortez: qu'est-ce donc ?

(Lovel et Denny sortent.)

CRANMER.- Je suis dans la crainte.- Pourquoi ces regards sombres ? Il a son air terrible.- Tout ne va pas bien.

LE ROI HENRI.- Eh bien, milord, vous êtes curieux de savoir pourquoi je vous ai envoyé chercher ?

CRANMER.- C'est mon devoir d'être aux ordres de Votre Majesté.

LE ROI HENRI.- Je vous prie, levez-vous, mon cher et honnête lord de Cantorbéry. Venez, il faut que nous fassions un tour ensemble: j'ai des nouvelles à vous apprendre. Allons, venez: donnez-moi votre main.- Ah ! mon cher lord, j'ai de la douleur de ce que j'ai à vous dire, et je suis sincèrement affecté d'avoir à vous faire connaître ce qui va s'ensuivre. J'ai dernièrement, et bien malgré moi, entendu beaucoup de plaintes graves; oui, milord, des plaintes très graves contre vous: après examen, elles nous ont déterminé, nous et notre conseil, à vous faire comparaître ce matin devant nous. Et je sais que vous ne pouvez vous disculper assez complètement, pour que, durant la procédure à laquelle donneront lieu ces charges sur lesquelles vous serez interrogé, vous ne soyez pas obligé, appelant la patience à votre aide, de faire votre demeure à la Tour. Vous ayant pour confrère dans notre conseil, il convient que nous procédions ainsi, autrement nul témoin n'oserait se produire contre vous.

CRANMER.- Je remercie humblement Votre Majesté, et je saisirai, avec une véritable joie, cette occasion favorable d'être vanné à fond, en telle sorte que le son et le grain se séparent entièrement; car je sais que personne autant que moi, pauvre homme, n'est en butte aux discours de la calomnie.

LE ROI HENRI.- Lève-toi, bon Cantorbéry. Ta fidélité, ton intégrité, ont jeté des racines en nous, en ton ami.- Donne-moi ta main: lève-toi.- Je te prie, continuons de marcher.- Mais, par Notre-Dame, quelle espèce d'homme êtes-vous donc ? Je m'attendais, milord, que vous me demanderiez de prendre la peine de confronter moi-même vos accusateurs et vous, et de vous laisser vous défendre sans aller en prison.

CRANMER.- Redouté seigneur, l'appui sur lequel je me fonde, c'est ma loyauté et ma probité. Si elles viennent à me manquer avec mes ennemis, je me réjouirai de ma chute, ne m'estimant plus moi-même dès que je ne posséderais plus ces vertus.- Je ne redoute rien de ce qu'on peut avancer contre moi.

LE ROI HENRI.- Ne savez-vous donc pas quelle est votre position dans le monde et avec tout le monde ? Vos ennemis sont nombreux, et ce ne sont pas de petits personnages; leurs trames secrètes doivent être en proportion de leur force et de leur pouvoir; et la justice, la bonté d'une cause, n'emportent pas toujours un arrêt tel qu'on le leur doit. Ne savez-vous pas avec quelle facilité des âmes corrompues peuvent se procurer des misérables corrompus comme elles pour prêter serment contre vous ? Ces exemples se sont vus. Vous avez à lutter contre des adversaires puissants et contre des haines aussi puissantes. Vous imaginez-vous avoir meilleure fortune contre des témoins parjures, que ne l'eut votre Maître, dont vous êtes le ministre, lorsqu'il vivait ici-bas sur cette terre criminelle ? Allez, allez; vous prenez un précipice affreux pour un fossé qu'on peut franchir sans danger, et vous courez au-devant de votre ruine.

CRANMER.- Que Dieu et Votre Majesté protègent donc mon innocence, ou je tomberai dans le piège dressé sous mes pas !

LE ROI HENRI.- Soyez tranquille: ils ne peuvent remporter sur vous qu'autant que je le leur permettrai. Prenez donc courage et songez à comparaître ce matin devant eux. S'il arriva que leurs accusations soient de nature à vous faire conduire en prison, ne manquez pas de vous en défendre par les meilleures raisons possibles, et avec toute la chaleur que pourra vous inspirer la circonstance. Si vos représentations sont inutiles, donnez-leur cet anneau, et alors, formez devant eux appel à nous. Voyez, il pleure cet excellent homme ! il est honnête, sur mon honneur. Sainte mère de Dieu ! je jure qu'il a un coeur fidèle, et qu'il n'y a pas une plus belle âme dans tout mon royaume.- Allez, et faites ce que je vous ai recommandé. (*Sort Cranmer*.) Ses larmes ont étouffé sa voix.

(Entre une vieille dame.)

UN DES GENTILSHOMMES, *derrière le théâtre*.- Revenez sur vos pas. Que voulez-vous !

LA VIEILLE DAME.- Je ne retourne point sur mes pas. La nouvelle que j'apporte rend ma hardiesse convenable. Que les bons anges volent sur la tête royale, et ombragent ta personne de leurs saintes ailes !

LE ROI HENRI.- Je lis déjà dans tes yeux le message que tu viens m'apporter. La reine est-elle délivrée ? Dis oui; et d'un garçon.

LA VIEILLE DAME.- Oui, oui, mon souverain, et d'un charmant garçon. Que le Dieu du ciel la bénisse à présent et toujours ! c'est une fille qui promet des garçons pour la suite. Sire, la reine désire votre visite, et que vous veniez faire connaissance avec cette étrangère: elle vous ressemble, comme une cerise à une cerise.

LE ROI HENRI.- Lovel !

(Entre Lovel.)

LOVEL.- Sire ?

LE ROI HENRI.- Donnez-lui cent marcs. Je vais aller voir la reine.

(Sort le roi.)

LA VIEILLE DAME.- Cent marcs ! Par cette lumière, j'en veux davantage ! Ce cadeau est bon pour un valet; j'en aurai davantage, ou je lui en ferai la honte. Est-ce là payer le compliment que je lui ai fait, que sa fille lui ressemblait ? J'en aurai davantage, ou je dirai le contraire: et tout à l'heure, tandis que le fer est chaud, je veux en avoir raison.

(Ils sortent.)

SCÈNE II

Un vestibule précédant la salle du conseil.

UN HUISSIER DE SERVICE, DES VALETS; *entre* CRANMER.

CRANMER.- J'espère que je ne suis pas en retard, et cependant le gentilhomme qui m'a été envoyé de la part du conseil m'a prié de faire la plus grande diligence.- Tout fermé ! Que veut dire ceci ?- Holà ! qui est ici de garde ? Sûrement, je suis connu de vous ?

L'HUISSIER.- Oui, milord; et cependant je ne peux vous laisser entrer.

CRANMER.- Pourquoi ?

L'HUISSIER.- Il faut que Votre Grâce attende qu'on l'appelle.

(Entre le docteur Butts, médecin du roi.)

CRANMER, *à l'huissier.*- Soit.

BUTTS.- C'est un méchant tour qu'on veut lui faire ! Je suis bien aise d'avoir passé si à propos: le roi en sera instruit à l'heure même.

(Sort Butts.)

CRANMER, *à part.*- C'est Butts, le médecin du roi ! avec quel sérieux il attachait ses regards sur moi en passant ! Dieu veuille que ce ne fût pas pour sonder toute la profondeur de ma disgrâce !- Ceci a été arrangé à dessein, par quelques-uns de mes ennemis, pour me faire outrage. Dieu veuille changer leurs coeurs ! je n'ai jamais en rien mérité leur haine. S'il en était autrement, ils devraient rougir de me faire ainsi attendre à la porte; un de leurs collègues au conseil, parmi les pages, les valets et la livrée ! Mais il faut se soumettre à leur volonté, et j'attendrai avec patience.

(Le roi et Butts paraissent à une fenêtre.)

BUTTS.- Je vais montrer à Votre Majesté une des plus étranges choses...

LE ROI HENRI.- Qu'est-ce que c'est, Butts ?

BUTTS.- J'imagine que Votre Majesté a vu cela fort souvent ?

LE ROI HENRI.- Par ma tête, dites-moi donc de quel côté ?

BUTTS.- Là-bas, mon prince: voyez le haut rang où l'on vient de faire monter Sa Grâce de Cantorbéry, qui tient sa cour à la porte, parmi les suivants, les pages et les valets de pied.

LE ROI HENRI.- Ah ! c'est lui, en vérité. Quoi ? est-ce là l'honneur qu'ils se rendent les uns aux autres ? Fort bien. Il y a heureusement quelqu'un au-dessus d'eux tous.- Je croyais qu'il y aurait eu entre eux assez d'honnêteté réciproque, de politesse au moins, pour ne pas souffrir qu'un homme de son rang, et si avant dans nos bonnes grâces, demeurât à faire le pied de grue en attendant le bon plaisir de leurs seigneuries, et à la porte encore comme un messager chargé de paquets. Par sainte Marie ! Butts, il y a ici de la méchanceté.- Laissons-les et fermons le rideau; nous en entendrons davantage dans un moment.

(Entrent le lord chancelier, le duc de Suffolk, le comte de Surrey, le lord chambellan, Gardiner et Cromwell. Le chancelier se place au haut bout de la table du conseil, à la gauche: reste un siége vide au-dessus de lui, comme pour être occupé par l'archevêque de Cantorbéry. Les autres se placent en ordre de chaque côté. Cromwell se met au bas bout de la table, en qualité de secrétaire.)

LE CHANCELIER.- Maître greffier, appelez l'affaire qui tient le conseil assemblé.

CROMWELL.- Sous le bon plaisir de vos seigneuries, la principale cause est celle qui concerne Sa Grâce l'archevêque de Cantorbéry.

GARDINER.- En a-t-il été informé ?

CROMWELL.- Oui.

NORFOLK.- Qui est présent ?

L'HUISSIER.- Là dehors, mes nobles lords ?

GARDINER.- Oui.

L'HUISSIER.- Milord archevêque; il y a une demi-heure qu'il attend vos ordres.

LE CHANCELIER.- Faites-le entrer.

L'HUISSIER, *à l'archevêque*.- Votre Grâce peut entrer à présent.

(Cranmer entre et s'approche de la table du conseil.)

LE CHANCELIER.- Mon bon lord archevêque, je suis sincèrement affligé de siéger ici dans ce conseil, et de voir ce siège vacant. Mais nous sommes tous des hommes, fragiles de notre nature; et par le seul fait de la chair, il y en a bien peu qui soient des anges. C'est par une suite de cette fragilité et d'un défaut de sagesse que vous, qui étiez l'homme fait pour nous donner des leçons, vous vous êtes égaré vous-même dans votre conduite, et assez grièvement, d'abord contre le roi, ensuite contre ses lois, en remplissant tout le royaume, et par vos enseignements et par ceux de vos chapelains (car nous en sommes informés), d'opinions nouvelles, hétérodoxes et dangereuses qui sont des hérésies, et qui, si elles ne sont pas réformées, pourraient devenir pernicieuses.

GARDINER.- Et cette réforme doit être prompte, mes nobles lords; car ceux qui façonnent un cheval fougueux ne prétendent pas l'adoucir et le dresser en le menant à la main; mais ils entravent sa bouche d'un mors inflexible, et le châtient de l'éperon jusqu'à ce qu'il obéisse au manège. Si nous souffrons par notre mollesse et par une puérile pitié, pour l'honneur d'un seul homme, que ce mal contagieux s'établisse, adieu tous les remèdes; et quelles en seront les conséquences ? des secousses, des bouleversements, et l'infection générale du royaume, comme dernièrement nos voisins de la haute Allemagne nous en ont donné à leurs dépens un exemple dont le déplorable souvenir est encore tout frais dans notre mémoire.

CRANMER.- Mes bons lords, jusqu'ici pendant tout le cours de ma vie et de mes fonctions, j'ai travaillé, et non sans une grande application, à diriger mes enseignements et la marche ferme de mon autorité, dans une route sûre et uniforme dont le but a toujours été d'aller au bien; et il n'y a pas un homme au monde (je le dis avec un coeur sincère, milords) qui abhorre plus que moi et qui, soit dans l'intérieur de sa conscience, soit dans l'administration de sa place, repousse plus que je ne le fais, les perturbateurs de la paix publique. Je prie le Ciel que le roi ne rencontre jamais un coeur moins rempli de fidélité. Les hommes qui se nourrissent d'envie et d'une perfide malice, osent mordre les meilleurs. Je demande instamment à Vos Seigneuries que, dans cette cause, mes accusateurs, quels qu'ils soient, me soient opposés face à face, et qu'ils articulent librement leurs accusations contre moi.

SUFFOLK.- Eh ! milord, cela ne se peut pas. Vous êtes membre du conseil; repoussé par cette dignité, nul homme n'oserait se porter votre accusateur.

GARDINER.- Milord, comme nous avons des affaires plus importantes, nous abrégerons avec vous. L'intention de Sa Majesté et notre avis unanime est que, pour mieux approfondir votre procès, on vous fasse conduire de ce pas à la Tour. Là, redevenant homme privé, vous verrez plusieurs personnes vous accuser sans crainte, de plus de choses, j'en ai peur, que vous n'êtes en état d'en repousser.

CRANMER.- Ah ! mon bon lord de Winchester, je vous rends grâces; vous fûtes toujours un excellent ami. Si votre avis passe, je trouverai en vous un juge et un témoin, tant vous êtes miséricordieux. Je vois votre but; c'est ma perte. La charité, la douceur, milord, sied mieux à un homme d'église que l'ambition. Cherchez à ramener par la modération les âmes égarées, n'en rebutez aucune.- Faites peser sur ma patience tout ce que vous pourrez; je me justifierai, j'en fais aussi peu de doute que vous vous faites peu de conscience de commettre chaque jour l'injustice. Je pourrais en dire davantage, mais le respect que je porte à votre état m'oblige à me modérer.

GARDINER.- Milord, milord, vous êtes un sectaire: voilà la pure vérité. Le fard brillant dont vous vous colorez ne laisse apercevoir à ceux qui savent vous démêler que des mots et de la faiblesse.

CROMWELL.- Milord de Winchester, permettez-moi de vous le dire, vous êtes un peu trop dur: des hommes d'un si noble caractère, fussent-ils tombés en faute, devraient trouver du respect pour ce qu'ils ont été. C'est une cruauté que de surcharger un homme qui tombe.

GARDINER.- Cher maître greffier, j'en demande pardon à votre honneur; vous êtes, de tous ceux qui s'asseyent à cette table, celui à qui il est le moins permis de parler ainsi.

CROMWELL.- Pourquoi, milord ?

GARDINER.- Ne vous connais-je pas pour un fauteur de cette nouvelle secte ? Vous n'êtes pas pur.

CROMWELL.- Pas pur ?

GARDINER.- Non, vous n'êtes pas pur, vous dis-je.

CROMWELL.- Plût à Dieu que vous fussiez la moitié aussi honnête ! vous verriez s'élever autour de vous les prières des hommes et non leurs craintes.

GARDINER.- Je me souviendrai de l'audace de ce propos.

CROMWELL.- Comme il vous plaira. Souvenez-vous aussi de l'audace de votre conduite.

LE CHANCELIER.- C'en est trop. Contenez-vous, milords: n'avez-vous pas de honte ?

GARDINER.- J'ai fini.

CROMWELL.- Et moi aussi.

LE CHANCELIER.- Quant à vous, milord, il est arrêté, à ce qu'il me paraît, par toutes les voix, que vous serez sur-le-champ conduit prisonnier à la Tour, pour y rester jusqu'à ce qu'on vous fasse connaître le bon plaisir du roi.- N'êtes-vous pas tous de cet avis, milords ?

TOUS.- C'est notre avis.

CRANMER.- N'y a-t-il donc point d'autre moyen d'obtenir miséricorde que d'être conduit à la Tour, milords ?

GARDINER.- Quelle autre voudriez-vous attendre ? Vous êtes étrangement fatigant. Qu'on fasse venir ici un homme de la garde.

(Entre un garde.)

CRANMER.- Pour moi ! Faut-il donc que j'y sois conduit comme un traître ?

GARDINER, *au garde*.- On vous le consigne pour le conduire sûrement à la Tour.

CRANMER.- Arrêtez, mes bons lords: j'ai encore un mot à vous dire. Jetez les yeux ici, milords. Par la vertu de cet anneau, j'arrache ma cause des serres d'hommes cruels, et je la remets dans les mains d'un beaucoup plus noble juge, dans celles du roi mon maître.

LE CHANCELIER.- C'est l'anneau du roi !

SURREY.- Ce n'est pas un anneau contrefait ?

SUFFOLK.- C'est vraiment l'anneau royal, par le ciel ? Je vous l'ai dit à tous, lorsque nous avons mis en mouvement cette dangereuse pierre, qu'elle retomberait sur nos têtes.

NORFOLK.- Croyez-vous, milords, que le roi souffre qu'on blesse seulement le petit doigt de cet homme ?

LE CHANCELIER.- C'est maintenant trop certain; et combien sa vie ne lui est-elle pas précieuse ! Je voudrais bien être tiré de ce pas.

CROMWELL.- En cherchant à recueillir les propos et les informations contre cet homme dont la probité ne peut avoir d'ennemis que le diable et ses disciples, le coeur me disait que vous allumiez le feu qui brûle; maintenant songez à vous.

(Entre le roi qui lance sur eux un regard irrité; il prend sa place.)

GARDINER.- Redouté souverain, combien nous devons tous les jours rendre de grâces au Ciel qui nous a donné un prince non-seulement si bon et si sage, mais encore si religieux; un roi qui, en toute obéissance, fait de l'Église le soin principal de sa gloire, et qui, pour fortifier ce pieux devoir, vient, par un tendre respect, assister de sa personne royale au jugement de la cause qui s'agite entre elle et ce grand coupable !

LE ROI HENRI.- Évêque de Winchester, vous fûtes toujours excellent pour les compliments improvisés; mais sachez que je ne viens point ici aujourd'hui pour m'entendre adresser ces flatteries en face: elles sont trop basses et trop transparentes pour cacher les actions qui m'offensent. Ne pouvant atteindre jusqu'à moi, vous faites le chien couchant, et vous espérez me gagner par des mouvements de langue; mais de quelque façon que vous vous y preniez avec moi, je suis certain d'une chose, c'est que vous êtes d'un naturel cruel et sanguinaire.- *(A Cranmer.)* Homme de bien, asseyez-vous à votre place. A présent, voyons si le plus fier d'entre eux, le plus hardi, remuera seulement contre vous le bout du doigt: Par tout ce qu'il y a de plus sacré, il vaudrait mieux pour lui mourir de misère, que d'avoir seulement un instant la pensée que cette place ne soit pas faite pour vous.

SURREY.- S'il plaisait à Votre Majesté...

LE ROI HENRI.- Non, monsieur, il ne me plaît pas.... J'avais cru que je possédais dans mon conseil des hommes de quelque sagesse et de quelque jugement; mais je n'en trouve pas un. Était-il sage et décent, lords, de laisser cet homme, cet homme de bien (il en est peu parmi vous qui méritent ce titre), cet homme d'honneur, attendre comme un gredin de valet à la porte de la chambre, lui votre égal ? Eh quoi ! quelle honte est-ce là ? Ma commission vous ordonnait-elle de vous oublier jusqu'à cet excès ? Je vous ai donné pouvoir de procéder envers lui comme envers un membre du conseil, et non pas comme envers un valet de pied. Il est quelques hommes parmi vous, je le vois, qui, bien plus animés par la haine que par un sentiment d'intégrité, ne demanderaient pas mieux que de le juger à la dernière rigueur s'ils en avaient la faculté, que vous n'aurez jamais tant que je respirerai.

LE CHANCELIER.- Votre Grâce veut-elle bien permettre, mon très-redouté souverain, que ma voix vous présente notre excuse à tous. Si l'on avait proposé son emprisonnement, c'était (s'il est quelque bonne foi dans le coeur des hommes), c'était beaucoup plutôt pour sa justification et pour faire éclater publiquement son innocence, que par aucun dessein de lui nuire: j'en réponds du moins pour moi.

LE ROI HENRI.- Bien, bien.- Allons, milords, respectez-le. Recevez-le parmi vous, pensez bien de lui, soyez bien pour lui, il en est digne. J'irai même jusqu'à dire sur son compte que si un roi peut être redevable à son sujet, je le suis, moi, envers lui pour son attachement et ses services. Ne venez plus me tourmenter, mais embrassez-le tous: soyez amis; ou ce serait une honte, milords.- Milord de Cantorbéry, j'ai à vous présenter une requête que vous ne devez pas rejeter: il y a ici une belle jeune fille qui n'a pas encore reçu le baptême; il faut que vous soyez son père spirituel, et que vous répondiez pour elle.

CRANMER.- Le plus grand monarque aujourd'hui existant se glorifierait de cet honneur: comment puis-je le mériter, moi, qui ne suis qu'un de vos obscurs et humbles sujets ?

LE ROI HENRI.- Allons, allons, milord, je vois que vous voudriez bien vous épargner les cuillers[12]. Vous aurez avec vous deux nobles compagnes, la vieille duchesse de Norfolk et la marquise de Dorset: vous plaisent-elles pour commères ?- Encore une fois, milord de Winchester, je vous enjoins d'embrasser et d'aimer cet homme.

[Note 12: L'usage était de faire présent à l'enfant qu'on tenait sur les fonts de baptême de cuillers dorées, qu'on appelait *les cuillers des apôtres*. Les gens magnifiques en donnaient douze sur chacune desquelles était la figure d'un apôtre. De moins généreux se réduisaient aux quatre évangélistes. Quand on n'en donnait qu'une, elle était consacrée au patron de l'enfant.]

GARDINER.- Du coeur le plus sincère, et avec l'amour d'un frère.

CRANMER.- Que le Ciel me soit témoin combien cette assurance de votre part m'est chère !

LE ROI HENRI.- Homme vertueux, ces larmes de joie montrent l'honnêteté de ton coeur. Je vois la confirmation de ce que dit de toi la commune voix: «*Faites un mauvais tour à milord de Cantorbéry et il sera votre ami pour toujours,*» Allons, milords, nous gaspillons ici le temps: il me tarde de voir cette petite faite chrétienne. Restez unis, lords, comme je viens de vous unir: ma puissance en sera plus forte, et vous en serez plus honorés.

(Tous sortent.)

SCÈNE III

La cour du palais.

Bruit et tumulte derrière le théâtre.

Entre LE PORTIER *avec son* VALET.

LE PORTIER.- Je vais bien vous faire cesser ce vacarme tout à l'heure, canaille. Prenez-vous la cour du palais pour Paris-Garden[13] ? Allez, malotrus, allez brailler ailleurs.

[Note 13: *Paris-Garden* était le nom de l'arène aux ours.]

UNE VOIX, *derrière le théâtre*.- Mon bon monsieur le portier, j'appartiens à la charcuterie.

LE PORTIER.- Appartiens à la potence, et va te faire pendre, coquin. Est-ce ici une place pour beugler ainsi ? Apportez-moi une douzaine de bâtons de pommier sauvage, et des plus forts: ceux-ci ne sont pour eux que des badines.- Je vous étrillerai la tête. Ah ! vous voulez voir des baptêmes ? croyez-vous trouver ici de la bière et des gâteaux, brutaux que vous êtes ?

LE VALET.- Je vous prie, monsieur, prenez patience. Il est aussi impossible, à moins de balayer la porte avec du canon, de les renvoyer, que de les faire dormir le matin du premier jour de mai, ce qu'on ne verra jamais. Autant vaudrait entreprendre de reculer Saint-Paul que de les faire bouger.

LE PORTIER.- Puisses-tu être pendu ! Comment sont-ils entrés ?

LE VALET.- Hélas ! je n'en sais rien. Comment le flot de la marée entre-t-il ? Autant qu'un robuste gourdin de quatre pieds (vous voyez ce qui m'en reste) a pu distribuer de coups, je n'ai pas été à l'épargne, je vous jure.

LE PORTIER.- Vous n'avez rien fait.

LE VALET.- Je ne suis pas Samson, ni sir Guy[14], ni Colbrand, pour les faucher devant moi. Mais si j'en ai ménagé aucun qui eût une tête à frapper, jeune ou vieux, mâle ou femelle, cocu ou faiseur de cocus, que je ne goûte jamais de boeuf ! Et je ne voudrais pas manger de la vache, Dieu l'ait en sa garde !

UNE VOIX *derrière le théâtre*.- Entendez-vous, monsieur le portier ?

LE PORTIER.- Je vais être à toi tout à l'heure, monsieur le sot.- (*Au valet.*) Tiens la porte fermée, coquin.

LE VALET.- Comment voulez-vous que je fasse ?

LE PORTIER.- Ce que je veux que vous fassiez ? Que vous les renversiez par douzaine à grands coups de bâton. Est-ce ici la plaine de Morefields, pour y venir passer en revue ? ou avons-nous quelque sauvage indien, fait d'une singulière façon[15], et récemment arrivé à la cour, pour que les femmes nous assiègent ainsi ? Bon Dieu ! que de germes de fornication à cette porte ! Sur ma conscience chrétienne, ce seul baptême en engendrera mille; et l'on trouvera ici le père et le parrain, et le tout ensemble.

[Note 14: *Sir Guy de Warwick*, chevalier célèbre dans les anciennes romances, par qui fut tué, à Winchester, le géant danois Colbrand.]

[Note 15: *With the great tool.*]

LE VALET.- Il y en aura que plus de cuillers, mon maître.- Il y a là, assez près de la porte, un quidam qui, à sa face, doit être un brûlot[16]; car, sur ma conscience, vingt des jours de la canicule brûlent sur son nez: tous ceux qui sont autour de lui sont placés sous la ligne; ils n'ont pas besoin d'autre punition. Je vous ai attrapé trois fois ce dragon flamboyant sur la tête, et trois fois son nez a fait une décharge contre moi: il se tient là comme un mortier, pour nous bombarder. Il avait près de lui la femme d'un revendeur de menues friperies, qui criait contre moi jusqu'à ce qu'enfin son écuelle piquée[17] a sauté de sa tête, en punition de ce qu'elle allumait une telle combustion dans l'état. J'avais manqué une fois le météore, et attrapé cette femme, qui s'est mise à crier: *A moi, gourdins* ! Tout aussitôt j'ai vu de loin venir à son secours, le bâton au poing, quarante drôles, l'espérance du Strand, où elle loge: ils sont venus pour fondre sur moi; j'ai tenu bon et défendu mon terrain: ensuite ils en sont venus, avec moi, aux coups de manche à balai; je les ai encore défiés: lorsque tout à coup une file de jeunes garçons retranchés derrière eux, déterminés garnements, m'ont administré une telle grêle de cailloux, que j'ai été fort content de retirer mon honneur en dedans, et de leur laisser emporter l'ouvrage. Je crois, ma foi, que le diable était de leur bande.

LE PORTIER.- Ce sont tous ces jeunes vauriens qui tonnent au spectacle, où ils se battent à coups de pommes mordues, et que nul autre auditoire ne peut endurer que la tribulation de *Tower-hill,* ou les habitants de *Lime-House*[18], leurs chers confrères. J'en ai envoyé quelques-uns *in limbo patrum*; c'est là qu'ils pourront bien chômer ces trois jours de fête, outre le petit régal du fouet qui viendra après.

[Note 16: *A brazier. Brazier* veut dire un brasier, et un homme qui travaille. Il a fallu, pour donner quelque sens à la plaisanterie, s'écarter un peu du sens littéral du mot.]

[Note 17: Bonnet piqué, ayant apparemment la forme d'une écuelle.]

[Note 18: On croit que la *tribulation* de *Tower-Hill* était le nom d'une assemblée de puritains. Quant à *Lime-House,* c'est le quartier qu'habitaient les fournisseurs des différents objets nécessaires pour l'équipement des vaisseaux; comme ils employaient des ouvriers de différents pays, et de religions diverses, dans les temps de querelles religieuses, ce quartier était renommé pour la turbulence de ses habitants.]

(Entre le lord chambellan.)

LE CHAMBELLAN.- Merci de moi, quelle multitude ici ! Elle grossit à chaque instant; ils accourent de tous côtés, comme si nous tenions une foire. Où sont donc ces portiers ? ces fainéants coquins !- (*Aux portiers.*) Vous avez fait là un beau tour ! Voilà une brillante assemblée !- Sont-ce là tous vos fidèles amis des faubourgs ? Il nous restera beaucoup de place, vraiment, pour les dames, lorsqu'elles vont passer en revenant du baptême !

LE PORTIER.- Avec la permission de Votre Honneur, nous ne sommes que des hommes; et tout ce que peuvent faire, sans être mis en pièces, des hommes en si petit nombre que nous le sommes, nous l'avons fait. Une armée entière ne les contiendrait pas.

LE CHAMBELLAN.- Sur ma vie, si le roi m'en fait reproche, je vous chasse tous sur l'heure, et je vous impose de plus une bonne amende pour votre négligence. Vous êtes des coquins de paresseux qui demeurez occupés aux bouteilles, tandis que vous devriez être à votre service.- Écoutez; les trompettes sonnent. Les voilà déjà de retour de la cérémonie.- Allons, fendez-moi la presse, et forcez un passage pour laisser défiler librement le cortège; ou je vous trouverai une prison pour vous y divertir une couple de mois.

LE PORTIER.- Faites place pour la princesse.

LE VALET.- Vous, grand vaurien, serrez-vous, ou je vous caresserai la tête.

LE PORTIER.- Vous, l'habit de camelot, à bas des barrières, ou je vous empalerai sur les pieux.

(Ils sortent.)

SCÈNE IV

Le palais.

Entrent des trompettes, sonnant de leurs instruments; suivent deux aldermen, le LORD MAIRE, GARTER, CRANMER, LE DUC DE NORFOLK, *avec son bâton de maréchal, deux nobles qui portent deux grandes coupes à pied, pour les présents du baptême. Ensuite quatre nobles soutenant un dais sous lequel est la* DUCHESSE DE NORFOLK, *marraine, tenant l'enfant richement enveloppé d'une mante; une dame lui* porte *la robe. Suivent la* MARQUISE DE DORSET, *l'autre marraine, et des dames. Tout le cortège passe en cérémonie autour du théâtre, et* GARTER, *élève la voix.*

GARTER.- Ciel, dans ta bonté infinie, accorde une vie prospère, longue et toujours heureuse, à la haute et puissante princesse d'Angleterre, Élisabeth !

(Fanfares. Le roi Henri avec sa suite.)

CRANMER, *s'agenouillant.*- Voici la prière que nous adressons à Dieu, mes deux nobles compagnes et moi, pour votre royale Majesté, et pour notre bonne reine. Que toutes les consolations, toutes les joies que le Ciel ait jamais placées dans les enfants pour le bonheur de leurs parents, se répandent à chaque instant sur vous dans la personne de cette gracieuse princesse !

LE ROI HENRI.- Je vous remercie, mon bon lord archevêque.- Quel est le nom de l'enfant ?

CRANMER.- Elisabeth.

LE ROI HENRI, *à Cranmer*.- Levez-vous, lord.- (*Il baise l'enfant.*) Dans ce baiser reçois ma bénédiction. Que Dieu te protège ! Je remets ta vie en ses mains.

CRANMER.- *Amen !*

LE ROI HENRI.- Mes nobles commères, vous avez été trop prodigues. Je vous en remercie de tout mon coeur; et cette jeune lady vous en remerciera aussi, dès qu'elle saura assez d'anglais pour cela.

CRANMER.- Écoutez-moi, Sire, car c'est le Ciel qui m'ordonne de parler; et que personne ne prenne pour flatterie les paroles que je vais prononcer; l'événement en justifiera la vérité.- Cette royale enfant (que le Ciel veille toujours autour d'elle !), quoique encore au berceau, promet déjà à ce pays mille et mille bénédictions que le temps fera éclore. Elle sera (mais peu d'hommes vivants aujourd'hui pourront contempler ses grandes qualités) un modèle pour tous les princes ses contemporains, et pour ceux qui leur succéderont. Jamais Shéba ne rechercha avec tant d'ardeur la sagesse, et l'aimable vertu, que le fera cette âme pure. Toutes les grâces souveraines qui concourent à former un être aussi auguste, avec toutes les vertus qui suivent les bons princes, seront doublées dans sa personne. Elle sera nourrie dans la vérité; les saintes et célestes pensées seront ses guides; elle sera chérie et redoutée; son peuple la bénira; ses ennemis trembleront devant elle comme un champ d'épis battus, et inclineront leur front dans la tristesse. Le bien va croître et prospérer avec elle; sous son règne tout homme mangera en sûreté, sous l'ombrage de sa vigne, les fruits qu'il aura plantés, et chantera à tous ses voisins les joyeux chants de la paix; Dieu sera vraiment connu; et ceux qui l'entoureront seront instruits par elle dans les voies droites de l'honneur; et c'est de là qu'ils tireront leur grandeur, et non de la noblesse du sang et des aïeux.- Et cette paix fortunée ne s'éteindra pas avec elle. Mais, ainsi qu'après la mort de l'oiseau merveilleux, le phénix toujours vierge, ses cendres lui créent un héritier, aussi beau, aussi admirable que lui; de même, lorsqu'il plaira au Ciel de l'appeler à lui dans cette vallée de ténèbres, elle transmettra ses dons et son bonheur à un successeur, qui, renaissant des cendres sacrées de sa gloire, égal à elle en renommée, s'élèvera comme un astre, et se fixera dans la même sphère. La paix, l'abondance, l'amour, la vérité et le respect qui auront été le cortège de cette enfant choisie se placeront auprès de son successeur et s'attacheront à lui comme la vigne. La gloire et la renommée de son nom se répandront et fonderont de nouvelles nations partout où le brillant soleil des cieux porte sa lumière.- Il fleurira, et, comme un cèdre des montagnes, il étendra ses rameaux sur toutes les plaines d'alentour.- Les enfants de nos enfants verront ces choses et béniront le Ciel.

LE ROI HENRI- Tu nous annonces des prodiges.

CRANMER.- Elle arrivera pour le bonheur de l'Angleterre à un âge avancé; une multitude de jours la verront régner; et il ne s'en écoulera pas un seul qui ne soit couronné par quelque action mémorable. Hélas ! plût à Dieu que je ne visse pas plus loin, mais elle doit mourir, il le faut: il faut que les anges la possèdent à leur tour. Toujours vierge elle rentrera dans la terre comme un lis sans tache, et l'univers sera dans le deuil.

LE ROI HENRI.- O lord archevêque ! c'est par toi que je viens de commencer d'exister; jamais avant la naissance de cette heureuse enfant, je n'avais encore possédé aucun bien. Ces oracles consolants m'ont tellement charmé, que, lorsque je serai dans les cieux, je serai encore jaloux de contempler ce que fait cette enfant sur la terre, et que je bénirai l'auteur de mon être.- Je vous remercie tous.- Je vous ai de grandes obligations, à vous, lord maire, et à vos dignes adjoints. J'ai reçu beaucoup d'honneur de votre présence, et vous me trouverez reconnaissant.- Lords, remettez-vous en marche.- Vous devez tous votre visite à la reine qui vous doit des remercîments; si elle ne vous voyait, elle en serait malade. Que dans ce jour nul ne pense qu'il ait aucune affaire à son logis; tous resteront avec moi. Ce petit enfant fait de ce jour un jour de fête.

(Tous sortent.)

ÉPILOGUE

«Il y a dix à parier contre un que cette pièce ne plaira pas à tous ceux qui sont ici. Quelques-uns viennent pour prendre leurs aises, et dormir pendant un acte ou deux; mais ceux-là nous les aurons, j'en ai peur, réveillés en sursaut par le bruit de nos trompettes; il est donc clair qu'ils diront, *cela ne vaut rien*: d'autres viennent pour entendre des railleries amères sur tout le monde, et crier, *cela est ingénieux*; ce que nous n'avons pas fait non plus. En sorte que, je le crains fort, tout le bien que nous devons espérer d'entendre dire de cette pièce aujourd'hui dépend uniquement de la disposition compatissante des femmes vertueuses; car nous leur en avons montré une de ce caractère. Si elles sourient, et disent *la pièce ira bien*, je sais qu'avant peu nous aurons pour nous ce qu'il y a de mieux en hommes; car il faut bien du malheur pour qu'ils s'obstinent à blâmer, lorsque leurs belles leur commandent d'applaudir.»

FIN DU CINQUIÈME ET DERNIER ACTE.